D. Eineder / S. Sammüller

Heute backe ich!

Das Backbuch
für Männer

D. Eineder / S. Sammüller

Heute backe ich!

Das Backbuch für Männer

EDITION XXL

VORWORT

**Ein Backbuch für Männer –
was ist daran anders als bei einem gewöhnlichen Backbuch?**

Es zeigt ausschließlich die wirklich wichtigen Dinge: Erprobte und beliebte Rezepte, manchmal mit einem gewissen Schuss und ohne Rücksicht auf die Kalorien. Von einfach, aber raffiniert bis aufwändig und verführerisch. Kleine Tipps und Tricks zeigen Ihnen, wie Sie stets ohne große Hindernisse zum Ziel gelangen.

Gründe zum Backen gibt es sicherlich genügend: die unstillbare Lust auf etwas Süßes, den Freunden bei der nächsten Männerrunde vor dem Fernseher etwas anderes als Chips zu servieren, den Schatz einfach zu überraschen (und bitte nicht nur, wenn Sie mal wieder das schlechte Gewissen plagt) und die Schwiegermutter ganz lässig zum Kaffeetrinken einzuladen.

Es ist kein Grundbackbuch mit vielen Erklärungen, die man(n) wahrscheinlich sowieso nicht liest, hier drin steht nur das Wichtigste zum Gelingen für jede Art von Teig.

Liebe Herren, bitte beachten Sie, dass Backen etwas mehr Disziplin als Kochen verlangt, da beim Kochen noch verbessert, abgeschmeckt und gerettet werden kann. Das fällt beim Backen leider weg, denn das Endprodukt kann höchstens noch geschönt werden, Geschmack und Konsistenz sind dann aber bereits festgelegt.

Als blutiger Anfänger arbeiten Sie am besten das Buch von vorne nach hinten durch, da die Rezepte in etwa dem Schwierigkeitsgrad und Aufwand nach geordnet sind. Mit der Erfahrung kommt auch der Spaß am Ausprobieren. Selbst wenn Sie mit Schneebesen und Teigroller bereits auf Du und Du stehen, können Sie trotzdem noch mit der einen oder anderen Überraschung rechnen.

Deshalb der gute Tipp zum Schluss: Mengenangaben beachten, Arbeitsschritte vorher durchlesen, die Zutaten bereitstellen und dann loslegen. Und ganz wichtig: immer Eiswasser bereithalten, falls Sie dem verflixten Ofen doch einmal zu nahe kommen sollten.

In diesem Sinne – auf die Plätzchen, fertig, los!

Viel Freude beim Backen wünschen Ihnen
Diana Eineder und Sonja Sammüller.

INHALTSVERZEICHNIS

RATGEBER

 Was Sie auf alle Fälle brauchen:

- eine Rührschüssel aus Plastik, möglichst hoch und mit rundem Boden,
- ein Rührgerät mit Schneebesen und Knethaken,
- eine Waage oder zumindest einen gut aufgeteilten Messbecher,
- eine Kuchenform mit abnehmbarem Rand (= Springform), am besten rund mit 26 cm Durchmesser,
- ein Kuchenblech, ca. 30 x 40 cm groß,
- Backpapier,
- ein Holzstäbchen, z. B. einen Schaschlikspieß.

 Was noch ganz praktisch ist:

- eine zweite Rührschüssel,
- ein Rollholz, auch Nudelholz genannt,
- ein Teigschaber aus Silikon – in manchen Kreisen auch Geizhals genannt, da er keine Reste in der Schüssel lässt,

- ein Pinsel, am besten aus Silikon, der verliert auch bei der größten Hitze keine Haare,
- eine Kastenform mit 30 cm Länge, wenn möglich aus Silikon, oder eine andere Kuchenform, evtl. eine spezielle Obstkuchenform mit Rand,
- ein großes Haarsieb für Mehl,
- ein Teesieb für Puderzucker und Kakao,
- evtl. ein Tortenring aus Edelstahl, mit dem auch mal eine kleinere oder größere Menge gebacken werden kann.

 Worauf Sie achten müssen:

- Alle Rezepte sind für eine runde Springform mit 26 cm Durchmesser berechnet.
- Verlangt das Rezept nach kalten oder warmen Zutaten? Gegebenenfalls die Zutaten in der Mikrowelle oder einem Wasserbad aufwärmen.

10

- Nehmen Sie die Gewichtsangaben ernst. Zucker und Butter sind nicht nur Kalorien, sondern auch ein Triebmittel, das Ihren Kuchen aufgehen lässt.
- Die Backtemperaturen und Zeiten sind nur Richtwerte, da jeder Herd unterschiedlich bäckt. Zur Kontrolle machen Sie immer kurz vor Ende der Garzeit eine „Stäbchenprobe". Stecken Sie das Holzstäbchen in die Kuchenmitte bis zum Boden und ziehen Sie es langsam wieder heraus. Wenn noch nasser Teig am Stäbchen klebt, ist der Kuchen noch nicht fertig. Haftet kein Teig mehr daran, können Sie den Kuchen aus dem Ofen nehmen.
- Kuchenformen aus Metall immer mit Margarine oder Butter gut ausstreichen (außer beim Biskuit) und mit Mehl bestäuben. Bei Kuchenformen aus Silikon ist das nicht nötig, einfach den Teig einfüllen. Achtung: Silikonformen bräunen besser, deshalb Backzeit verkürzen oder Temperatur drosseln.
- Bei der Teigweiterverarbeitung nicht zu viel Mehl verwenden. Das verbleibende Mehl an der Oberfläche bewirkt, dass der Kuchen nach dem Backen strohig schmeckt.

 Was Sie auf alle Fälle wissen sollten:

Maße und Gewichte:
EL – Esslöffel leicht gehäuft
TL – Teelöffel leicht gehäuft
Prise – die Menge, die zwischen Zeigefinger, Mittelfinger und Daumen passt
ml – Milliliter   1 l = 1 000 ml   ⅛ l = 125 ml

Zutaten:
Mehl: Type 405, bei allen Teigen können Sie problemlos ¼ der Mehlmenge durch Vollkornmehl ersetzen.
Stärkemehl: wird entweder aus Kartoffeln, Mais oder Weizen gewonnen. Beim Backen spielt es keine Rolle, welches Sie verwenden.
Zucker: Raffinade fein, Kristallzucker
Eier: Gewichtsklasse M = ca. 50 g

Butter oder Margarine: Das ist eine Geschmacks- und Cholesterinfrage, nur bei den Keksen sollte auf Butter nicht verzichtet werden.
Schokolade: Bitter- bzw. Halbbitterschokolade in der 100-g-Tafel oder Kuvertüre, die bei den Backzutaten zu finden ist. Nicht zu verwechseln mit der Kuchenglasur, die einen hohen Fettanteil hat und deshalb nicht so gut schmeckt. Dieser Fettanteil lässt die Glasur aber auch nach dem Abkühlen noch glänzen und nicht so hart werden.
Kakao: Verwenden Sie nur stark entöltes Kakaopulver und keine kakaohaltigen Getränkepulver.

Obst: Dosenobst immer über einem Sieb gut abtropfen lassen. Frischobst gut waschen und abtrocknen oder schälen, schlechte Stellen ausschneiden. Bei Äpfeln die säuerlicher Sorten bevorzugen, die beste Backsorte ist der Boskopapfel.
Zitronen und Orangen: Am besten kaufen Sie nur ungespritzte Früchte, so können Sie die Schale mitverwenden. Ansonsten gibt es noch Zitroback oder Orangeback, das wird verwendet wie abgeriebene Schale. Zum Abreiben der Schale eignet sich am besten eine so genannte Muskatreibe.
Aromen: Zum Verfeinern gibt es Zitronen-, Rum-, Vanille- und Bittermandelaroma. Immer nur wenige Tropfen zur Masse geben.

Der Rührteig

… einfach, schnell und doch so lecker

Die Zutaten für den Rührteig sollen Zimmertemperatur haben. D. h., vor allem die Butter oder Margarine müssen weich sein und die Eier dürfen nicht frisch aus dem Kühlschrank kommen. Notfalls werden Butter und Margarine kurz in der Mikrowelle erwärmt (nicht schmelzen!). Die Eier können in einer Schale mit warmem Wasser temperiert werden.

Die Butter oder Margarine werden mit dem Zucker schaumig gerührt, um den Zucker ein wenig aufzulösen. Dabei wird die Masse sehr hell, fast weiß (durch die eingeschlossenen Luftbläschen).

Die Eier nach und nach zugeben, da sich die Masse sonst in Ei = Flüssigkeit und Butter = Fett trennt. Sollte sie trotz warmer Zutaten und aller Vorsicht zu grieseln (= trennen) anfangen, wird ein Esslöffel Stärke oder Ähnliches zugegeben.

Als Regel für Rührteige gilt: heiß anbacken, kühl ausbacken. Das heißt, immer in den wirklich heißen Ofen stellen und nach 15 Minuten die Temperatur um ca. 20° C reduzieren. Dann geht der Teig richtig auf. Vor dem Herausnehmen unbedingt mit dem Stäbchen kontrollieren. Nach dem Backen mindestens 10 Minuten in der Form ruhen lassen, Sie werden feststellen, dass sich der Kuchen (bei richtig vorbereiteter Form) vom Rand zurückzieht. Dann kann er leicht aus der Form genommen werden.

Kuchen aus Rührteig eignet sich sehr gut zum Einfrieren, also beim Bemessen der zu backenden Menge lieber nicht geizen und gut ausgekühlt in einem Gefrierbeutel in der Tiefkühltruhe einen kleinen Vorrat anlegen.

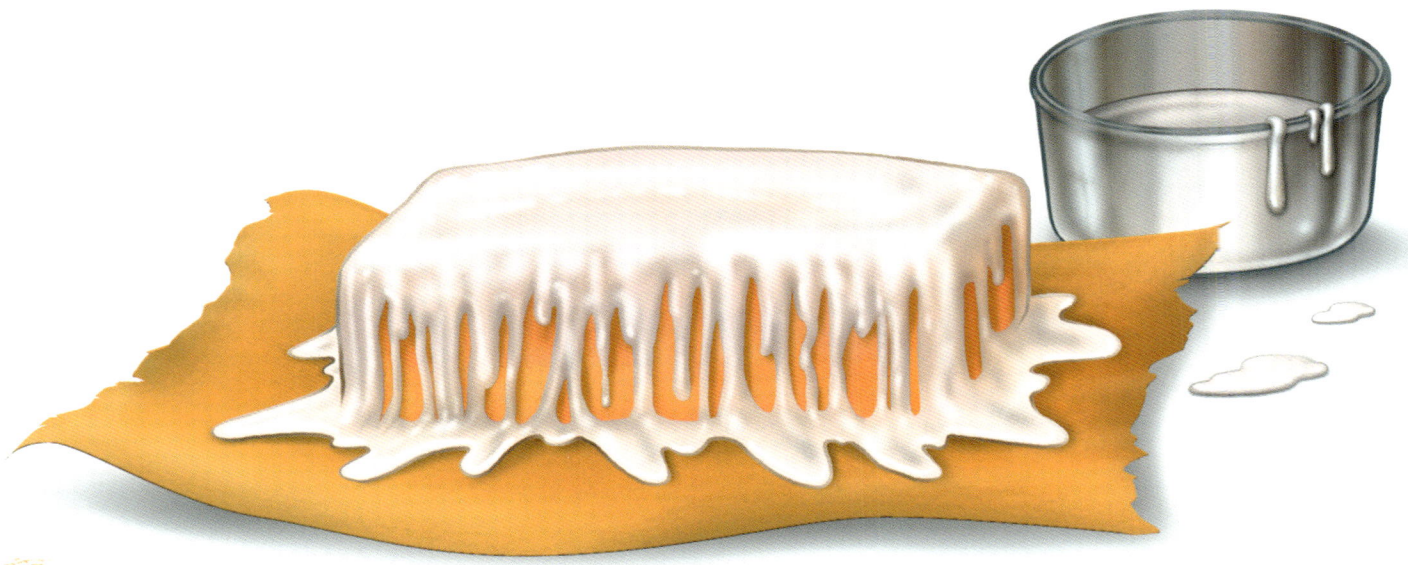

Was in diesem Kapitel noch wichtig ist:

Guss:
Der Guss ist immer eine leckere Hülle. Ob Sie sich für Zitronen-, Rum- oder Schokoguss entscheiden, kommt hauptsächlich auf Ihren Geschmack und die Art des Kuchens an.

Für Zitronen- und Rumguss (oder auch andere Geschmacksrichtungen wie zum Beispiel Eierlikör- oder Orangenguss) wird immer Puderzucker mit der entsprechenden Flüssigkeit angerührt. Mit einem Teelöffel in einer Tasse den Puderzucker nach und nach mit der Flüssigkeit glatt rühren. Auch dem Rumguss tut ein kleiner Spritzer Zitronensaft zur Geschmacksabrundung gut. Der Guss sollte gerade vom Löffel tropfen. Ist er zu dick, wird er zu süß und klumpig, ist er zu dünnflüssig, bleibt er nicht haften. Probieren geht über Studieren.

Schokoladenguss wird am einfachsten mit fertiger Kuchenglasur hergestellt, die gibt es sogar in verschiedenen Geschmacksrichtungen. Zum Erwärmen entweder in die Mikro-welle geben oder den noch verschlossenen Becher in ein heißes Wasserbad stellen. Darauf achten, dass kein Wasser in die Glasur kommt, diese wird sonst krümelig.

Je großzügiger Sie einen Kuchen glasieren, desto glatter wird die Oberfläche des Kuchens. Wenn Sie den Kuchen vor dem Glasieren auf ein Backpapier stellen, kann die heruntergelaufene Glasur nach dem Erkalten vom Papier gebrochen und später wieder verwendet werden. Am besten legen Sie sich für diesen Zweck ein mittelgroßes Schraubglas zu: Offen kommt es in der Mikrowelle und geschlossen im Wasserbad zum Einsatz.

Öl:
Das Öl für Kuchenteige sollte immer möglichst geschmacksneutral sein, d. h., am besten eignen sich Sonnenblumenöl, Distelöl, Rapsöl und Keimöl.

Form:
Für alle Rezepte können Sie auch gut Muffin-formen verwenden und wenn die Zutaten-menge halbiert wird, auch Singleformen mit 18 cm Durchmesser.

ZEBRAKUCHEN

Zutaten

... für eine Springform (26 cm Ø):
Margarine und Mehl für die Form

... **für den Teig:**
250 g Butter
220 g Zucker
1 Päckchen Vanillezucker
1 Prise Salz
4 Eier
300 g Mehl
50 g Stärkemehl
3 gestrichene TL Backpulver
2 EL Kakaopulver
5 EL Milch

Zubereitung:

1. Eine Springform mit Margarine ausstreichen und mit Mehl bestäuben.

2. Den Ofen auf 190° C vorheizen.

3. Die weiche Butter mit dem Zucker, dem Vanillezucker und der Prise Salz mit den Schneebesen des Handrührgerätes oder der Küchenmaschine schaumig rühren.

4. Dann die Eier nach und nach unter die Buttermasse rühren, dabei nach jeder Eizugabe mindestens fünf Sekunden rühren. Sollte die Masse grieselig werden, 1 EL von dem Stärkemehl zugeben und weiterrühren.

5. Das Mehl mit dem restlichen Stärkemehl und dem Backpulver mischen, durchsieben und zum Teig geben, rasch unterrühren.

6. Die Masse halbieren und unter die eine Hälfte das Kakaopulver und 3 EL Milch rühren. Unter die zweite Masse die restliche Milch rühren.

7. Mit einem Esslöffel in die Mitte der Springform drei Löffel voll von der hellen Masse setzen. Dann mit einem zweiten Esslöffel in die Mitte der hellen Masse zwei Löffel voll von der dunklen Masse setzen. Anschließend zwei Löffel von der hellen in die Mitte der dunklen und immer so fort, bis die Massen aufgebraucht sind. Die Form einmal fest auf den Tisch klopfen, damit sich der Teig etwas verteilt.

8. Im Ofen 15 Minuten anbacken, dann auf 170° C herunterschalten und in 35 Minuten fertig backen. Noch 10 Minuten im ausgeschalteten Ofen stehen lassen, dann herausnehmen, abkühlen lassen, aus der Form lösen und auf einem Kuchengitter auskühlen lassen. Beim Anschneiden zeigt sich das Zebramuster.

Tipp:

Im Grunde ist dieser Kuchen nichts anderes als eine kreative Abwandlung des altbekannten Marmorkuchens. Durch das ungewohnte Muster sind Ihnen staunende Blicke jedoch sicher!

JOGURTKUCHEN

Zutaten

… für eine Kastenform (30 cm lang) oder eine Springform (26 cm Ø): Margarine und Mehl für die Form

… für den Teig:
1 Becher Naturjogurt 150 g oder 200 g (verwenden Sie für alle weiteren Mengen den gleichen Becher)
1 Becher neutrales Öl, z. B. Sonnenblumen- oder Distelöl
2 Becher Zucker
3 Becher Mehl
1 Päckchen Backpulver
3 Eier
1 Päckchen Vanillezucker
1 Prise Salz

… für den Guss:
100 g Puderzucker
2 EL Zitronensaft, Rum oder starken Kaffee

Zubereitung:

1. Den Ofen auf 190° C vorheizen.

2. Die Backform gut mit Margarine ausstreichen und mit Mehl bestäuben.

3. Alle Zutaten der Reihe nach in eine Rührschüssel geben.

4. Die Zutaten mit den Schneebesen des Handrührgerätes oder der Küchenmaschine zu einem Rührteig verarbeiten. Den Teig in die vorbereitete Form einfüllen und in den vorgeheizten Ofen stellen. Nach ca. 15 Minuten auf 170° C herunterschalten und in weiteren 40 Minuten fertig backen.

5. Den Kuchen herausnehmen, noch 15 Minuten in der Form ruhen lassen, dann vorsichtig mit einem Messer den Rand lösen und den Kuchen aus der Form auf ein Kuchengitter stürzen. Ganz auskühlen lassen.

6. Je nach Geschmacksrichtung den Puderzucker mit Zitronensaft, Rum oder Kaffee anrühren und den Guss über den Kuchen gießen, etwas verstreichen und fest werden lassen .

Tipp:

Den Naturjogurt können Sie durch Zitronenjogurt ersetzen und zusätzlich noch ein Päckchen Zitroback zum Mehl geben. Oder Jogurt mit Kaffeegeschmack nehmen und darunter noch 2 EL Instantkaffee, in 1 EL Rum aufgelöst, rühren.

OBSTKUCHEN

Zutaten

… für eine Obstkuchenform oder eine
Springform (26 cm Ø):
Margarine und Mehl für die Form

… für den Teig:
3 Eier
1 Prise Salz
130 g Zucker
130 g Butter
130 g Mehl
1 TL Backpulver

… für den Belag:
125 g Marmelade (z. B. Aprikosen oder
Erdbeer)
ca. 1 kg Obst (Erdbeeren, Ananas, Kiwis,
Trauben, Pfirsiche, Aprikosen usw.)
1 Päckchen Tortenguss klar
2 EL Zucker
250 ml Wasser

Zubereitung:

1. Eine Obstkuchenform oder Springform sehr
   gut mit Margarine ausstreichen und mit Mehl
   bestäuben.

2. Die Eier vorsichtig trennen, das Eiweiß in einer
   sauberen Schüssel mit der Prise Salz mit den
   Schneebesen des Handrührgerätes oder der
   Küchenmaschine zu steifem Schnee schlagen.
   Ca. 60 g Zucker zu dem Eischnee geben und
   cremig schlagen.

3. Den Ofen auf 170° C vorheizen.

4. Die weiche Butter mit dem restlichen Zucker
   (70 g) schaumig rühren, die Eigelbe nach und
   nach dazurühren.

5. Das Mehl mit dem Backpulver mischen,
   durchsieben und zügig unter die Buttermasse rühren.

6. Dann den Eischnee vorsichtig mit dem
   Teigschaber unter den Teig heben, bis
   alles gut vermischt ist, diesen in die
   vorbereitete Form füllen, glatt streichen. Im vorgeheizten Ofen ca. 35
   Minuten backen. 10 Minuten auskühlen lassen, dann aus der Form nehmen und auf einem Kuchengitter
   ganz kalt werden lassen.

7. Währenddessen das Obst vorbereiten: Frisches Obst waschen, evtl.
   schälen, klein schneiden. Dosenobst
   in einem Sieb gut abtropfen lassen.

8. Den Boden (auf der vertieften unteren Seite bei der Obstkuchenform,
   ansonsten auf der Oberseite) mit
   der Marmelade bestreichen. Auf
   einen Springformboden legen (oder
   einen flachen Teller, etwas kleiner
   als der Kuchenboden), damit der
   herunterlaufende Guss ablaufen
   kann.

9. Wenn der Boden ganz ausgekühlt
   ist, das Obst auflegen, dabei in
   der Mitte eher höher als am
   Rand. Nicht zu viel Obst übereinander schichten, es rutscht
   sonst nach dem Schneiden
   auseinander.

10. Den Tortenguss nach der
    Packungsanweisung zubereiten.
    Mit einem Esslöffel von der Mitte aus den
    Guss gleichmäßig über den Früchten
    verteilen. Darauf achten, dass alle Früchte
    bedeckt sind, dann verderben sie nicht so
    schnell. Den Guss vor dem Anschneiden
    ganz fest werden lassen.

Tipp:

Für einen reinen Erdbeerkuchen die Früchte halbieren, mit der Schnittfläche nach unten und der Spitze nach innen dachziegelartig auflegen, dabei von außen nach innen arbeiten.

Zubereitung: 20 Minuten | Backen: 35 Minuten | Belegen: 30 Minuten

Ich liebe Obstkuchen!

SAFTIGER APFELKUCHEN

Zutaten

… für eine Springform (26 cm Ø):
Margarine und Mehl für die Form

… für den Teig:
3 große säuerliche Äpfel (z. B. Boskop),
ca. 700 g
200 g Butter
200 g Zucker
abgeriebene Schale von ½ Zitrone
1 Prise Salz
3 Eier
300 g Mehl
1 Päckchen Backpulver
4 EL Milch

… für den Guss:
ca. 70 g Puderzucker = 7 EL
1–2 EL Zitronensaft

Zubereitung:

1. Die Äpfel waschen, schälen, vierteln, entkernen und in dünne Scheiben schneiden oder hobeln.

2. Eine Springform mit Margarine ausstreichen und mit Mehl bestäuben.

3. Den Ofen auf 190° C vorheizen.

4. Die Butter mit dem Zucker, der Zitronenschale und der Prise Salz mit den Schneebesen des Handrührgerätes oder der Küchenmaschine schaumig rühren.

5. Die Eier nach und nach (mit jedem neuen Ei mindestens fünf Sekunden rühren) unter die Buttermasse geben. Sollte die Masse grieselig werden, 1 EL Mehl dazugeben.

6. Das Mehl mit dem Backpulver mischen, durchsieben und rasch unter die Buttermasse rühren, dann die Milch unterrühren.

7. Die gehobelten Äpfel mit dem Teigschaber unterheben. Den Teig in die Form füllen, etwas glatt streichen und im Ofen bei 190° C 15 Minuten anbacken. Dann auf 170° C herunterschalten und in weiteren 40 Minuten fertig backen.

8. Den Kuchen herausnehmen, abkühlen lassen , aus der Form lösen und auf ein Kuchengitter setzen.

9. Den Puderzucker mit dem Zitronensaft zu einem dickflüssigen Brei verrühren, dabei den Zitronensaft nach und nach dazugeben. Den Guss auf den Kuchen gießen und mit einem Pinsel oder einem breiten Messer verstreichen und fest werden lassen.

Tipp:

Probieren Sie das Rezept auch mit reifen Birnenspalten oder in Streifen geschnittenen Zwetschgen.

Wirklich super saftig!
Vielleicht ein Apfelkorn dazu?!

 Zubereitung: 60 Minuten | Backen: 55 Minuten

COINTREAUKUCHEN

Zutaten

… für eine Springform (26 cm Ø):
Backpapier
Butter für die Form
100 g Mandelblättchen

… für den Teig:
4 Eier
1 Prise Salz
175 g Zucker
1 Päckchen Orangeback
75 g zerlassene Butter
80 g Mehl
70 g Speisestärke
½ TL Backpulver

… für die Tränke:
175 ml frisch gepresster Orangensaft
= 3 Orangen
1 ausgepresste Zitrone
1 EL Zucker
2 EL Cointreau, Grand Marnier oder anderer Orangenlikör

2 EL Puderzucker zum Bestäuben

Zubereitung:

1. Den Boden einer Springform mit Backpapier auslegen, dieses Papier mit Butter bestreichen und die Mandelblättchen gleichmäßig darauf streuen.

2. Den Ofen auf 175° C vorheizen.

3. Die Eier trennen und die Eiweiße und das Salz mit den Schneebesen des Handrührgerätes oder der Küchenmaschine steif schlagen, 100 g Zucker dazugeben und cremig schlagen.

4. Die Eigelbe mit dem restlichen Zucker (75 g) schaumig rühren, das Orangeback dazugeben und die flüssige Butter unterziehen.

5. Mehl, Speisestärke und Backpulver mischen und auf die Eigelbmasse sieben. Den Eischnee darauf geben, mit dem Teigschaber den Eischnee und das Mehl vorsichtig unterheben.

6. Die Masse behutsam auf die Mandeln geben und glatt streichen. Im vorgeheizten Ofen in ca. 35 Minuten goldgelb backen. Herausnehmen und 10 Minuten auskühlen lassen.

7. Den Orangensaft mit dem Zitronensaft und dem Zucker mischen, den Saft kurz aufkochen. Dann den Likör dazugeben.

8. Den Kuchen auf ein Kuchengitter stürzen, das Papier abziehen, mit einem Stäbchen (z. B. Schaschlikspieß) Löcher in den Kuchen stechen und den warmen Saft über dem Kuchen verteilen. Keine Angst, langsam geschüttet saugt der Teig wie ein Schluckspecht.

9. Kurz vor dem Servieren eventuell noch mit Puderzucker bestäuben.

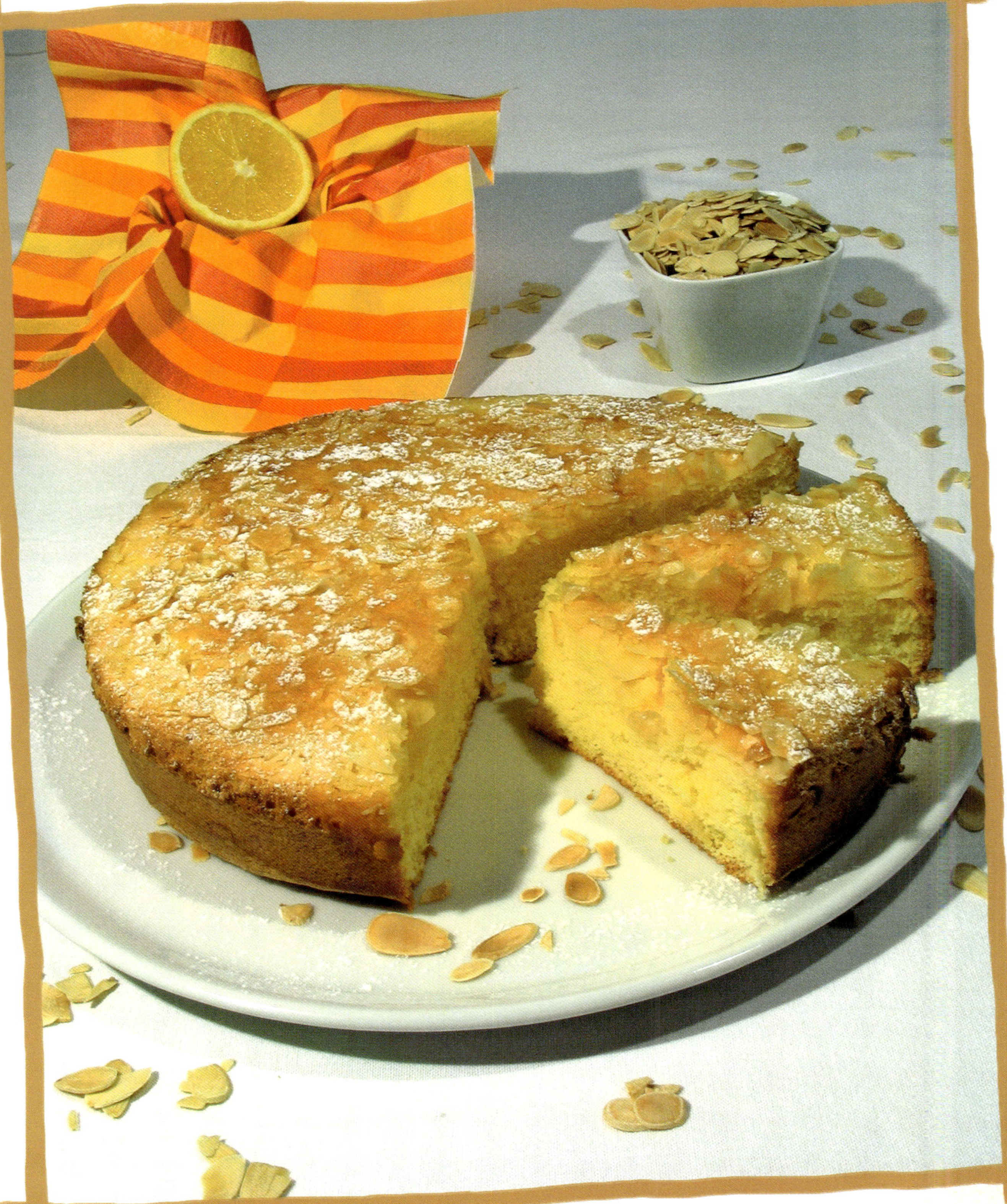

Chris kann zum Fussball-Fernsehabend kommen ...

SCHOKOKUCHEN

Zutaten

… für ein Backblech (30 x 40 cm):
Backpapier

… für den Teig:
250 g Bitterschokolade
250 g Butter
250 g Zucker
1 Prise Salz
6 Eier
100 g Mehl
250 g gemahlene Mandeln

… für den Guss:
200 g Schokoglasur
evtl. Mandelblättchen

Zubereitung:

1. Ein Backblech mit Backpapier auslegen.

2. Den Ofen auf 175° C vorheizen.

3. Die Schokolade im Wasserbad oder in der Mikrowelle vorsichtig schmelzen.

4. Die weiche Butter, den Zucker und das Salz mit den Schneebesen des Handrührgerätes oder der Küchenmaschine schaumig rühren.

5. Nach und nach die Eier zugeben, dabei jedes Ei mindestens fünf Sekunden unterrühren. Sollte die Masse grieselig werden, einen Esslöffel Mandeln zugeben. Die geschmolzene Schokolade unter Rühren in die schaumige Masse laufen lassen.

6. Das gesiebte Mehl mit den Mandeln mischen und rasch unter die Buttermasse rühren.

7. Den Teig auf das Backpapier streichen. (Wenn nötig, zwischen Backpapier und Backblech ein feuchtes Geschirrtuch legen, dieses nach dem Aufstreichen vorsichtig herausziehen.)

8. Im vorgeheizten Ofen ca. 35 Minuten backen, herausnehmen, etwas auskühlen lassen und mit der erwärmten Schokoglasur bestreichen. Auf die noch flüssige Glasur nach Belieben Mandelblättchen streuen.

Tipp:

Wenn es schneller gehen soll: die Schokolade klein schneiden und unter den Teig rühren. Das Muster des Kuchens gleicht dann dem von Straciatella.

Susi glaubt mir nie,

dass ich den selber gebacken habe!

Zubereitung: 30 Minuten | Backen: 35 Minuten

KIRSCHKUCHEN

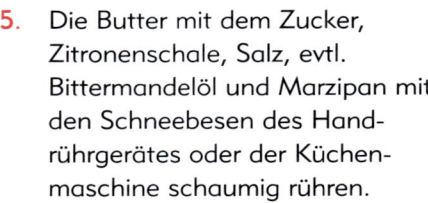

Zutaten

… für eine Springform (26 cm Ø):
Margarine und Mehl für die Form

… für den Teig:
50 g Marzipanrohmasse
1 EL Kirschwasser
200 g Butter
160 g Zucker
abgeriebene Schale von 1 Zitrone oder
1 Päckchen Zitroback
1 Prise Salz
4 Eier
200 g Mehl
100 g gemahlene Mandeln
2 TL Backpulver
evtl. 2–3 Tropfen Bittermandelöl

… für den Belag:
1 großes Glas Sauerkirschen
2 EL Kirschwasser

Puderzucker zum Bestäuben

Zubereitung:

1. Die Kirschen über einem Sieb abgießen und gut abtropfen lassen. Dann mit dem Kirschwasser beträufeln und abgedeckt mindestens drei Stunden ziehen lassen.

2. Den Ofen auf 190° C vorheizen.

3. Eine Springform gut mit Margarine ausstreichen und mit Mehl bestäuben.

4. Das Marzipan mit dem Kirschwasser weich kneten. Das geht am besten auf einem flachen Teller mit den Fingerspitzen oder einer Gabel.

5. Die Butter mit dem Zucker, Zitronenschale, Salz, evtl. Bittermandelöl und Marzipan mit den Schneebesen des Handrührgerätes oder der Küchenmaschine schaumig rühren.

6. Nach und nach die Eier dazugeben, dabei nach jedem Ei mindestens fünf Sekunden rühren, erst dann das nächste Ei zugeben. Sollte die Masse grieselig werden, 1 EL Mehl zugeben.

7. Das Mehl mit dem Backpulver mischen, durchsieben und die Mandeln hinzufügen. Die Mehlmischung zur Buttermasse geben und rasch unterrühren. Den Teig in die Springform füllen.

8. Die Kirschen abtropfen lassen, dabei den Saft in einem Gefäß auffangen. Die Kirschen gleichmäßig auf dem Teig verteilen und leicht in den Teig drücken. Im vorgeheizten Ofen 15 Minuten anbacken, dann auf 170° C herunterschalten und in weiteren 40 Minuten fertig backen.

9. Den Kuchen herausnehmen, 10 Minuten ruhen lassen, aus der Form lösen und auf einem Kuchengitter abkühlen lassen.

10. Wenn der Kuchen vollständig erkaltet ist, das abgetropfte Kirschwasser auf den Kuchen träufeln und ihn vor dem Servieren mit Puderzucker bestäuben.

Marinieren: 3 Stunden | Zubereitung: 50 Minuten | Backen: 55 Minuten

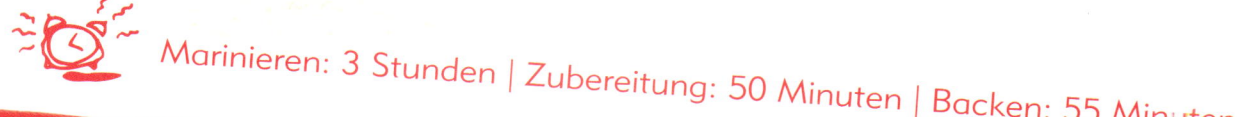

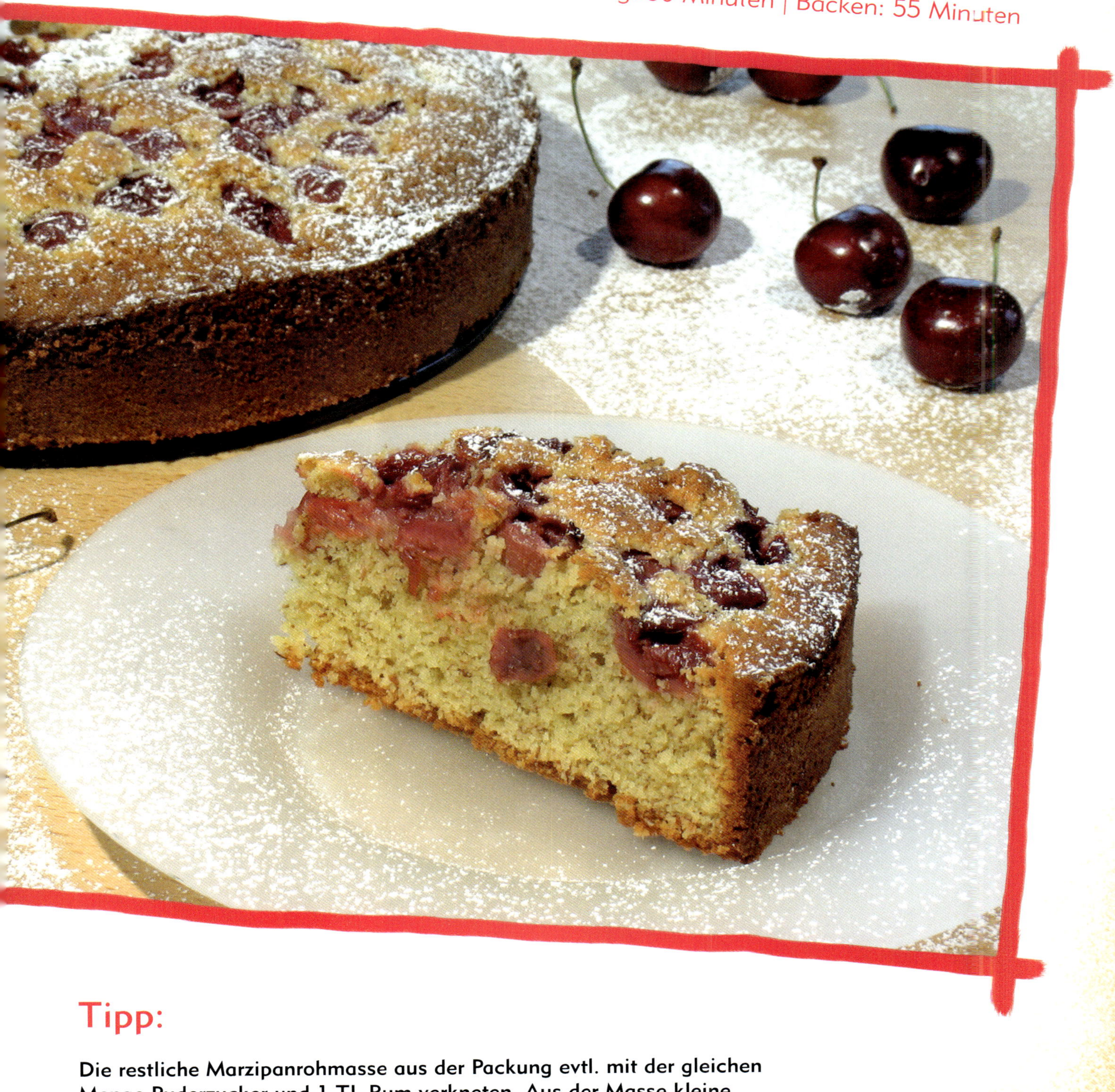

Tipp:

Die restliche Marzipanrohmasse aus der Packung evtl. mit der gleichen Menge Puderzucker und 1 TL Rum verkneten. Aus der Masse kleine Portionen abstechen und zu Kugeln rollen, anschließend in Kakaopulver wälzen = Marzipankartoffeln.

NIKOLAUSKUCHEN

Zutaten

... für eine Springform (26 cm Ø):
Margarine und Mehl für die Form

... für den Teig:
200 g Butter
200 g Zucker
1 Päckchen Vanillezucker
1 TL Lebkuchengewürz
1 TL Kakaopulver
1 Prise Salz
4 Eier
250 g Mehl
50 g Stärkemehl
2 TL Backpulver
100 g Schokostücke (eine vorhandene
Schokoladenhohlfigur einfach in kleine
Stücke brechen)
125 ml Glühwein

200 g Schoko-Kuchenglasur

Zubereitung:

1. Eine Springform mit Margarine ausstreichen und mit Mehl bestäuben.

2. Den Ofen auf 190° C vorheizen.

3. Die Butter mit dem Zucker, Vanillezucker, Lebkuchengewürz, Kakaopulver und dem Salz mit den Schneebesen des Handrührgerätes oder der Küchenmaschine schaumig rühren.

4. Die Eier nach und nach dazurühren, dabei jedes Ei mindestens fünf Sekunden unterrühren.

5. Das Mehl mit dem Backpulver und dem Stärkemehl mischen, durchsieben und abwechselnd mit dem Glühwein zügig unter den Teig rühren.

6. Die Schokosplitter oder -stücke mit dem Teigschaber unter den Teig heben und die Masse in die Backform füllen. Im vorgeheizten Ofen bei 190° C ca. 15 Minuten anbacken, dann auf 175° C herunterschalten und in weiteren 35 Minuten fertig backen.

7. Den Kuchen herausnehmen, aus der Form lösen, abkühlen lassen und auf ein Kuchengitter setzen.

8. Nach dem Erkalten den Kuchen auf ein Backpapier legen. Die Glasur im Wasserbad erwärmen, bis sie flüssig ist, und über den Kuchen gießen. Dann den Kuchen mit einem langen, breiten Messer vom Papier heben, auf eine Platte setzen und die Glasur fest werden lassen. Die Glasur, die auf das Papier gelaufen ist, ebenfalls fest werden lassen, herunterbrechen und zum Wiederverwenden aufheben.

Tipp:

Wenn Sie keinen Alkohol verwenden wollen, ersetzen Sie die Flüssigkeit im Teig durch Orangensaft.

FETA-OLIVEN-SCHNITTEN

Zutaten

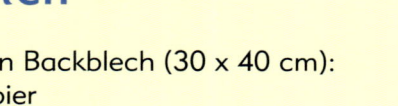

... für ein Backblech (30 x 40 cm):
Backpapier

... für den Teig:
120 g schwarze oder grüne Oliven, ohne Stein
400 g Fetakäse
2 EL getrocknete Kräuter (Rosmarin, Oregano, Thymian)
500 g Mehl
1 Päckchen Backpulver
1 gehäufter TL Salz
1 TL Pfeffer
2 Eier
160 ml Speiseöl
500 g Naturjogurt

6. Die Eier mit dem Öl und dem Jogurt verrühren, zu der Oliven-Käse-Mehlmischung geben, alles mit dem Teigschaber vermengen. Die Masse gleichmäßig auf das Backpapier streichen. Dabei die angeschrägte Fläche des Bleches frei lassen. Sollte das Backpapier zu sehr rutschen, legen Sie vor dem Aufstreichen des Teiges ein feuchtes Geschirrtuch zwischen Backblech und Papier. Nach dem Aufstreichen das Tuch vorsichtig herausziehen.

7. Die Fetawürfel gleichmäßig auf den Teig streuen, etwas eindrücken und das Ganze im Ofen ca. 35 Minuten backen.

8. Warm servieren.

Zubereitung:

1. Ein Backblech mit Backpapier auslegen.

2. Den Ofen auf 175° C vorheizen.

3. Die Oliven in Scheiben schneiden.

4. 200 g Feta in ca. 1 cm große Würfel schneiden und beiseite legen. Die anderen 200 g Feta klein schneiden. Den klein geschnittenen Feta mit den Oliven und den Kräutern mischen.

5. Das gesiebte Mehl mit dem Backpulver, Salz und Pfeffer mischen und zur Oliven-Käse-mischung geben.

Tipp:

Super schmeckt ein Zaziki oder eine fruchtige Tomatensoße dazu. Wenn Sie die halbe Menge für eine Springform verwenden, reicht das mit einem Salat Ihrer Wahl als Mahlzeit für zwei Personen.

Öl zum Einreiben – die Schnitten stehn drauf!

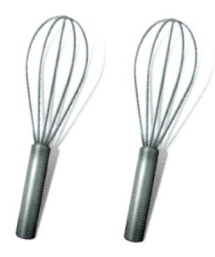

Der Mürbeteig

... eine gute Verpackung für viele Überraschungen und d e r Kekslieferant

Im Gegensatz zum Rührteig sollen die Zutaten kalt sein. Die Margarine kann direkt aus dem Kühlschrank verwendet werden, Butter aber entweder zimmerwarm verwenden oder in kleine Stücke schneiden.

Vielleicht finden Sie in anderen Backbüchern noch Rezepte, die die Herstellung eines Mürbeteiges auf einem Brett beschreiben – das muss nicht sein. Auch diese Rezepte können Sie in der Schüssel kneten. Das Endergebnis ist das gleiche und die Küche bleibt sauber.

Alle Zutaten für den Teig in die Schüssel geben, das Salz direkt aufs Ei. Die Zutaten mit den Knethaken des Handrührgerätes oder der Küchenmaschine gerade so lange verkneten, bis sie sich zusammengefügt haben. Wenn die Butter noch hart war, wird es schwierig, dann helfen Sie am besten mit der Hand nach. Durch die Handwärme verteilt sich die Butter besser.

Dann den Teig gut in Folie einpacken, ab in den Kühlschrank und mindestens 30 Minuten ruhen lassen – besser aber 2–3 Stunden. Sie können den Teig übrigens auch in aller Ruhe am Vortag zubereiten. Wenn Sie ihn dann aus der Kühlung nehmen, kneten Sie ihn mit der Hand kurz durch. Anschließend auf einer leicht mit Mehl bestäubten Fläche ausrollen.

Während des Ausrollens den Teig immer wieder von der Fläche lösen und nach Bedarf Ober- und Unterseite mit Mehl bestäuben. Nicht übertreiben! Loses Mehl vorsichtig wegwischen (z. B. mit einem Pinsel).

Für den Kuchenrand – der die Füllung in die Schranken weisen soll – nehmen Sie einen Teil des Teiges und rollen ihn zu einer „Wurst". Diese in der vorbereiteten Springform innen auf den Teigboden an den Rand legen und mit dem Zeigefinger und Mittelfinger von innen am Rand hochdrücken. Der Daumen hält außen dagegen. Bei Bedarf die Finger in Mehl tauchen. Den Rand nach oben möglichst nicht dünner werden lassen – er verbrennt sonst zu leicht.

Den Boden mit einer Gabel mehrmals einstechen, das lässt den Teig gleichmäßiger durchbacken.

Der Mürbeteig ist meist nur eine Kruste für verschiedenartige Füllungen, die sowohl herzhaft als auch süß sein können.

Grundrezept für einen Mürbeteig, der herzhaft gefüllt werden soll:

250 g Mehl
125 g Butter oder Schweineschmalz
1 Ei
1 Prise Salz
evtl. 1 EL Wasser

Alle Zutaten, wie auch bei süßen Mürbeteigen, miteinander verkneten und ½ Stunde kühl stellen.

Was in diesem Kapitel noch wichtig ist:

Eischnee:

Vielen Kuchen gibt erst das separat steif geschlagene Eiweiß den Auftrieb und die Lockerheit. Manchmal ist aber auch ein luftiges Baiser (= steif geschlagenes Eiweiß mit Zucker) erst die süße Decke auf der fruchtigen Füllung.

Um Eischnee zu erzeugen, brauchen Sie eine Schüssel, in der Sie das Eiweiß steif schlagen wollen, und zwei Tassen. Die Eischale vorsichtig am Tassenrand anschlagen, Schalenhälften trennen und dabei das Eiweiß vorsichtig in eine der Tassen ablaufen lassen, das Eigelb nicht verletzen und in einer der Schalenhälften zurückhalten. Das Eigelb vorsichtig in die andere Schalenhälfte gleiten lassen dabei den Rest Eiweiß abstreifen. Das Eigelb in die zweite Tasse geben. Dann erst das Eiweiß in die Schüssel geben. Sollte Ihnen doch einmal ein Eigelb „reißen", geben Sie das ganze Ei zum Eigelb. Mit jedem Ei so verfahren, das verhindert, dass Eigelb in das gesamte Eiweiß gelangt.

Das Wichtigste beim Steifschlagen von Eiweiß: KEIN FETT!!! Weder im Eiweiß (Eigelb = Fett) noch in der Schüssel oder an den Schneebesen.

Salz zum Eiweiß geben und mit den Schneebesen so steif schlagen, dass ein Messerschnitt sichtbar bleibt. Den Zucker dazugeben und noch einmal cremig aufschlagen. Am besten kühl stellen, bis es gebraucht wird.

Denken Sie daran: Wenn Sie das Eiweiß zuerst schlagen, sparen Sie sich das Säubern der Schneebesen!

Eine gute Übung zum Eiertrennen sind die Rührkuchen aus Kapitel 1, vielleicht essen Sie aber auch gerne Rührei.

So verfeinern Sie den Geschmack:
Bei Kleingebäck sollte immer Butter verwendet werden, da es hierbei wirklich auf den Geschmack der einzelnen Zutaten ankommt. Noch feiner werden Keks und Co. mit Puderzucker statt Kristallzucker. Zu Weihnachten können Sie noch Zimt oder Lebkuchengewürz verwenden.

Wenn Sie zum Ausstechen zu viel Zeit benötigen, kann es passieren, dass der Teig warm und klebrig wird. Legen Sie ihn dann einfach noch einmal in den Kühlschrank. Für schnelle Kekse schneiden Sie den ausgerollten Teig mit einem Messer einfach in „wilde" Formen oder Dreiecke/Streifen, anstatt ihn auszustechen.

Obst:

Ein schöner Obstkuchen ist zu jeder Jahreszeit ein Genuss. Zur Erntezeit belegen Sie ihn mit frischen Früchten und im Winter mit Obst aus Gläsern oder Konserven.

Zu hartes Obst (z. B. manche Birnensorten) lässt sich später schlecht schneiden, zu saftiges Obst (z. B. Orangen) weicht den Boden auf. Bei der Verwendung von Bananenscheiben diese nach dem Schneiden gut mit Zitronensaft beträufeln, sonst werden sie schnell braun. Kiwis mit dem Kartoffelschäler (falls vorhanden) schälen. Frische Kiwis und Ananas nicht direkt mit Milcherzeugnissen verwenden, diese Früchte haben ein Enzym, das die Milch bitter werden lässt.

Guss:

Den Tortenguss nach Packungsanweisung zubereiten. Während er zum Kochen kommt, immer rühren, sonst gibt es schnell Klumpen.

Überziehen Sie z. B einen Erdbeerkuchen mit rotem Guss und einen Obstboden mit gemischten Früchten mit einem klaren Guss.

Ein Esslöffel Obstler gibt dem Guss eine pfiffige Note. Guss immer heiß verwenden, zur Not noch einmal erhitzen.

JOHANNISBEERKUCHEN

Zutaten

... für eine Springform (26 cm Ø):
Margarine und Mehl für die Form

... für den Teig:
250 g Mehl
½ TL Backpulver
90 g Zucker
1 Prise Salz
130 g Butter
3 Eigelb

... für die Füllung:
50 g gemahlene Mandeln
500 g Johannisbeeren

... für das Baiser:
3 Eiweiß
120 g Zucker = 6 EL

Zubereitung:

1. Alle Zutaten für den Teig mit den Knethaken des Handrührgerätes oder der Küchenmaschine zu einem Teig kneten. Mindestens 30 Minuten zugedeckt im Kühlschrank ruhen lassen.

2. Die Johannisbeeren vorsichtig waschen, etwas abtrocknen lassen (z. B. auf einem Küchentuch) und entstielen. Tiefgefrorene Beeren nur etwas antauen lassen.

3. Den Ofen auf 180° C vorheizen.

4. Ein Drittel des Teiges beiseite legen. Den Rest auf einer bemehlten Arbeitsfläche ausrollen und als Boden in eine mit Margarine ausgestrichene und bemehlte Springform drücken.

5. Das beiseite gelegte Teigdrittel zu einer langen Rolle formen und innen an den Rand legen, mit den Fingern gleichmäßig dick ca. 3 cm nach oben drücken. Den Boden mehrmals mit einer Gabel einstechen.

6. Auf den Teigboden die gemahlenen Mandeln streuen. Die Johannisbeeren darauf verteilen. Ca. 20 Minuten im Ofen bei 180° C backen. Der Rand sollte eine leichte braune Färbung haben.

7. Kurz vor Ende der Backzeit die drei Eiweiße steif schlagen. Den Zucker dazugeben und den Eischnee cremig schlagen. Die Form aus dem Ofen holen, den Eischnee vorsichtig auf dem heißen Kuchen verteilen und in ca. 20 Minuten fertig backen. Die Oberfläche sollte eine schöne goldgelbe Farbe haben. Im ausgeschalteten Ofen noch 10 Minuten stehen lassen.

8. Herausnehmen, abkühlen lassen, vorsichtig aus der Form lösen und auf ein Kuchengitter setzen.

Tipp:

Die Johannisbeeren lassen sich auch durch ca. 1 kg Rhabarber (diesen waschen, schälen und in 2–3 cm lange Stücke schneiden) oder durch Tiefkühlbeeren ersetzen. Bei der Verwendung von Tiefkühlbeeren die gemahlenen Mandeln mit einem Päckchen Sahnesteif mischen und auf den Boden streuen, die Beeren mit 2 EL Gelierzucker und 3 EL Semmelbrösel mischen und den Kuchen vor dem Anschneiden ganz auskühlen lassen.

ÄPFEL HINTER GITTER

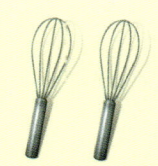

Zutaten

... für eine Springform (26 cm Ø):
Margarine und Mehl für die Form

... für den Teig:
300 g Mehl
½ TL Backpulver
100 g Zucker
170 g Butter
1 Prise Salz
1 Ei

... für den Belag:
1,5 kg säuerliche Äpfel (z. B. Boskop)
= ca. 6–7 mittelgroße
evtl. gemahlene Nüsse, Zimt, Rosinen, Rum

... für den Guss:
50 g Puderzucker
1 EL Zitronensaft

Zubereitung:

1. Das Mehl mit dem Backpulver mischen, durchsieben, alle anderen Zutaten dazugeben und mit den Knethaken des Handrührgerätes oder der Küchenmaschine zu einem festen Teig verarbeiten. Falls nötig, noch mit der Hand zusammenkneten. Mit einer Folie abdecken und mindestens 30 Minuten kühl stellen.

2. Eine Springform mit Margarine ausstreichen und mit Mehl bestäuben.

3. Die Äpfel waschen, schälen, in Viertel schneiden, entkernen und in dünne Scheiben schneiden oder hobeln. Entweder mit Nüssen und Zimt oder in Rum eingelegten Rosinen mischen.

4. Den Teig halbieren. Die erste Hälfte auf einer bemehlten Fläche zur Größe des Springformbodens ausrollen und auf diesen legen. Den Springformrand montieren.

5. Den restlichen Teig noch einmal halbieren. Eine Hälfte zu einer Rolle formen und innen an den Springformrand legen. Mit den Fingern ca. 3 cm gleichmäßig hochdrücken. Den Teigboden mit einer Gabel mehrmals einstechen.

6. Den Ofen auf 170° C vorheizen.

7. Die Äpfel auf den Teigboden geben und etwas flach drücken.

8. Den restlichen Teig ebenfalls auf einer bemehlten Fläche dünn ausrollen und mit dem Messer in Streifen schneiden. Die Streifen wie ein Gitter auf die Äpfel legen.

9. Den Kuchen im vorgeheizten Ofen ca. 50 Minuten backen. Herausnehmen, abkühlen lassen, vorsichtig aus der Form lösen und auf einem Kuchengitter abkühlen lassen.

10. Den Puderzucker mit dem Zitronensaft zu einem dünnflüssigen Guss verrühren. Mit einem Pinsel vorsichtig auf die Gitterstreifen geben und verstreichen, trocknen lassen.

 Zubereitung: 50 Minuten (Teig: 20 Minuten | Kühlen: 30 Minuten)
Backen: 50 Minuten

Tipp:

Sie können den Mürbeteig schon am Vortag zubereiten, und wenn Sie gerne Rumrosinen mögen, legen Sie diese auch am Vortag schon ein. Zuerst die Rosinen heiß waschen, dann mit Rum bedeckt in einem geschlossenen Gefäß ziehen lassen.

Wollen Sie den Kuchen ganz mit Mürbeteig bedecken, rollen Sie den Teig zwischen zwei leicht bemehlten Frischhaltefolien aus. Eine Folie abziehen, mithilfe der zweiten den Deckel auf den Kuchen legen und die Folie abziehen. Den Rand etwas andrücken.

SAUERKIRSCHKUCHEN

Zutaten

… für eine Springform (26 cm Ø):
Margarine und Mehl für die Form

… für den Teig:
220 g Mehl
½ TL Backpulver
100 g Zucker
1 Prise Salz
130 g Butter
1 Ei

… zum Belegen:
2 EL gemahlene Mandeln
1 großes Glas Sauerkirschen

… für den Guss:
250 g Sauerrahm
2 Eier
1 Päckchen Vanillezucker
2 EL Zucker
1 EL Zitronensaft
1 ½ EL Speisestärke

Zubereitung:

1. Alle möglichst kalten Zutaten für den Teig rasch mit den Knethaken des Handrührgerätes oder der Küchenmaschine zusammenrühren, zum Schluss noch mit der Hand nachhelfen. Die Teigkugel mindestens 30 Minuten kühl lagern.

2. Die Kirschen über einem Sieb abgießen und gut abtropfen lassen.

3. Eine Springform mit Margarine ausstreichen und mit Mehl bestäuben. ⅔ des Teiges auf einer bemehlten Fläche zur Größe des Springformbodens ausrollen und in die Springform legen. Für den Rand das restliche Teigdrittel zu einer Rolle formen, von innen an den Rand legen und mit den Fingern ca. 2,5 cm nach oben drücken. Den Boden mit einer Gabel mehrmals einstechen.

4. Den Ofen auf 175° C vorheizen.

5. Auf den Boden die Mandeln streuen. Die abgetropften Kirschen gleichmäßig darauf verteilen.

6. Alle Zutaten für den Guss mit einem Schneebesen kurz verrühren und über die Kirschen gießen, den Kuchen in den vorgeheizten Ofen schieben und ca. 45 Minuten backen, bis der Rand braun und der Guss goldgelb sind.

7. Herausnehmen, abkühlen lassen, vorsichtig aus der Form lösen und auf ein Kuchengitter setzen.

Tipp:

Dieser Kuchen schmeckt auch mit Rhabarber, Johannisbeeren oder tiefgekühlten Waldbeeren.

Mama mags lieber mit Rhabarber.

 Zubereitung: 40 Minuten (Teig: 10 Minuten | Kühlen: 30 Minuten) Backen: 45 Minuten

KRACHKUCHEN

Zutaten

... für ein Backblech (30 x 40 cm):
Backpapier

... für den Teig:
165 g Butter
165 g Zucker
1 Päckchen Vanillezucker
1 Prise Salz
2 Eier
275 g Mehl
1 Prise Backpulver

... zum Bestreuen:
100 g Hagelzucker
100 g Mandelblättchen

Zubereitung:

1. Ein Backblech mit Backpapier belegen.

2. Den Ofen auf 225° C vorheizen.

3. Die Butter mit dem Zucker, Vanillezucker und Salz mit den Schneebesen des Handrühr-gerätes oder der Küchenmaschine schaumig rühren. Die Eier nach und nach dazurühren, dabei nach jedem Ei mindestens fünf Sekunden rühren.

4. Das Mehl mit dem Backpulver mischen, durch-sieben, zum Buttergemisch geben und rasch unterrühren.

5. Den Teig gleichmäßig dick auf das Blech strei-chen. (Vor dem Aufstreichen eventuell ein feuchtes Tuch unter das Backpapier legen, damit es nicht verrutscht. Das Tuch anschlie-ßend vorsichtig wieder entfernen.)

6. Den Teig mit den Mandelblättchen und dem Hagelzucker bestreuen und bei 225° C ca. 20 Minuten backen. Der Kuchen sollte gold-gelb sein. Noch warm in Stücke schneiden.

KÄSEKUCHEN

Zutaten

... für eine Springform (26 cm Ø):
Margarine und Mehl für die Form

... für den Teig:
250 g Mehl
½ TL Backpulver
125 g Zucker
1 Prise Salz
150 g Butter
1 Eigelb
3 Tropfen Zitronenöl
2 TL Kakaopulver

... für die Füllung:
1 000 g Quark (Magerstufe)
125 g Butter
150 g Zucker
3 Eier
1 Eiweiß
1 Prise Salz
1 Päckchen Vanillezucker
abgeriebene Schale von 1 Zitrone
2 EL Hartweizengrieß

Zubereitung:

1. Mehl mit Backpulver mischen, durchsieben, Zucker und Salz darauf geben. Kalte Butter in Stücken, Zitronenöl und das Eigelb dazugeben und alles mit den Knethaken des Handrührgerätes oder der Küchenmaschine verkneten, dann mit der Hand nachhelfen. Abgedeckt mindestens 30 Minuten kühl stellen.

2. Eine Springform mit Margarine ausstreichen und mit Mehl bestäuben.

3. Die Aludeckel der Quarkpackungen mit einer Gabel mehrmals einstechen und die Packungen auf den Kopf stellen, damit die Molke ablaufen kann.

4. ⅔ des Teiges auf bemehlter Fläche in ca. 26 cm Durchmesser ausrollen, auf den Boden der Springform legen. Mit einer Gabel mehrmals einstechen. Den restlichen Teig mit dem Kakao verkneten.

5. Den Ofen auf 180° C vorheizen.

6. Die Eier trennen, die Eiweiße und eine Prise Salz mit den Schneebesen steif schlagen, 75 g Zucker dazugeben und cremig schlagen.

7. Die weiche Butter mit 75 g Zucker schaumig rühren, die Eigelbe nach und nach dazugeben. Den Vanillezucker, die Zitronenschale, den Quark und den Grieß vermischen, unter die Buttermasse rühren.

8. Den Eischnee mit dem Teigschaber unter die Masse heben und das Ganze auf den Teigboden geben, etwas glatt streichen.

9. Den Kakaoteig zwischen den Händen zerbröseln und gleichmäßig über die Masse streuen.

10. Den Kuchen im vorgeheizten Ofen eine Stunde backen, dann noch 10 Minuten im ausgeschalteten Ofen stehen lassen. Den Kuchen erst völlig ausgekühlt mit einem Messer vom Rand lösen und aus der Form herausnehmen.

Tipp:

Man kann die Käsefüllung zusätzlich mit Kirschen, Rosinen oder
Aprikosen verfeinern.

Zubereitung: 40 Minuten (Teig: 10 Minuten | Kühlen:
30 Minuten) Backen: 60 Minuten

Warum ist Käsekuchen eigentlich nicht aus Käse?!

KEKSE

Zutaten

... für ca. 40 Stück:
Backpapier

... für den Teig:
150 g Mehl
1 Prise Backpulver
1 Prise Salz
75 g Puderzucker
1 Päckchen Vanillezucker
1 Eigelb
75 g Butter
evtl. 2 Tropfen Zitronenöl

... zum Färben:
1 TL Kakaopulver
1 TL Rum

... zum Verzieren:
Kuchenglasur
Zitronenglasur

Zubereitung:

1. Die kalte Butter in Stücke schneiden, mit dem Zucker, dem Vanillezucker, Salz, dem Ei und dem mit Backpulver gemischten, durchgesiebten Mehl rasch zu einem festen Teig verkneten. Für Schwarz-Weiß-Gebäck den Teig halbieren, die eine Hälfte mit Kakao und Rum mischen. Beide Teigkugeln gut abdecken und mindestens eine Stunde kühl stellen.

2. Ein Backblech mit Backpapier auslegen.

3. Den Teig aus dem Kühlschrank nehmen, noch einmal kurz durchkneten und auf einer leicht bemehlten Fläche ausrollen. Für Schwarz-Weiß-Gebäck beide Kugeln auf je ca. 20 x 16 cm ausrollen. Das überschüssige Mehl gut abpinseln, den schwarzen Teig auf den weißen legen und der Breite nach fest aufrollen (Rolle 20 cm breit). Die Rolle kurz (ca. 10 Minuten) in das Gefrierfach legen, anschließend in 3 mm dicke Scheiben schneiden. Diese auf das Backpapier legen, zwischen den Scheiben mindestens 1 cm Platz lassen.

4. Für andere Kekse den Teig ca. 2–3 mm gleichmäßig dick ausrollen und beliebige Formen ausstechen. Beim Ausstechen darauf achten, dass so wenig Teig wie möglich in den Zwischenräumen „übrig" bleibt. Die Kekse auf das Backpapier legen. Den restlichen Teig erneut zusammenkneten, ausrollen, ausstechen usw. Sollte er zu klebrig werden, nochmals kühl stellen.

5. Den Ofen auf 175° C vorheizen und die Kekse einschieben. Die ersten 10 Minuten dürfen Sie sich noch ablenken lassen, dann ist es empfehlenswert, das Gebäck nicht länger aus den Augen zu lassen. Leichte Braunfärbung am Rand und in der Mitte noch weiß – nix wie raus damit! Auf dem Blech abkühlen lassen, erst dann abnehmen. Sollten die Kekse schon dunkel sein, sofort vorsichtig mit einem breiten Messer vom Backpapier lösen und auf einer ebenen Fläche auskühlen lassen.

Tipp:

Wenn Sie nur helle Kekse gebacken haben, können Sie diese mit Kakaoglasur oder Zitronenguss wie im Ratgeber Kapitel 1 beschrieben verzieren.

KÄSEGEBÄCK

Zutaten

... für ca. 40 Stück:
Backpapier

... für den Teig:
80 g Butter
100 g geriebener Greyerzer oder anderer würziger Hartkäse
2 EL Schlagsahne
¼ TL Salz
150 g Mehl
¼ TL Backpulver

1 Eigelb

... zum Bestreuen:
Mohn, Sesamsamen, Kümmel,
Schwarzkümmel, Paprikapulver

Zubereitung:

1. Ein Backblech mit Backpapier auslegen.

2. Die Butter mit dem Käse gut verkneten, die Sahne und das Salz mit den Knethaken des Handrührgerätes oder der Küchenmaschine unterkneten. Das Mehl mit dem Backpulver mischen, durchsieben und ebenfalls unterkneten. Den Teig zu einer Kugel formen, gut abdecken und mindestens zwei Stunden kühl stellen.

3. Den Teig auf einer bemehlten Fläche gleichmäßig ca. 6 mm dick ausrollen. Beliebige Formen ausstechen oder Dreiecke bzw. Streifen ausschneiden.

4. Den Ofen auf 200° C vorheizen.

5. Das Eigelb mit einem Teelöffel Wasser verrühren und das ausgestochene Gebäck mit einem Pinsel auf der Oberseite dünn mit Ei bestreichen.

6. Die Samen o. Ä. auf einen Kuchenteller geben und das Gebäck mit der bestrichenen Seite in die Samen legen, herausnehmen und mit der Samenseite nach oben auf das Backpapier legen.

7. Im vorgeheizten Ofen ca. 15 Minuten backen. Das Gebäck sollte goldgelb sein. Das Backblech herausnehmen, die Gebäckstücke sofort mit einem breiten Messer vorsichtig abheben und auf einer ebenen Fläche auskühlen lassen.

Tipp:

Sie können je nach Geschmack auch unter den Teig ¼ TL frisch gemahlenen Pfeffer oder ½ TL Paprikapulver edelsüß kneten.

SCHWIERIGKEITSGRAD 3

Der Hefeteig

… locker und doch stabil, mit eigenem Geschmack, aber nichts für eilige Gesellen

Hefe braucht Wärme (ca. 35° C), Feuchtigkeit und Nahrung (Zucker und Mehl), um sich zu entwickeln und Lockerungsgas zu bilden. Verwenden Sie nur wirklich frische Hefe, diese sollte außen leicht grau sein und muschelförmig brechen, oder gleich Trockenhefe aus dem Päckchen. Letztere lässt sich besser aufheben und ist immer zur Stelle, wenn sie gebraucht wird. Aber auch bei der Trockenhefe sollte man einen Ansatz herstellen. Für einen Ansatz bröselt man frische Hefe in eine Tasse und rührt sie mit der lauwarmen Flüssigkeit glatt. Trockenhefe hingegen rührt man einfach in die Flüssigkeit ein. Als Nahrung mengt man ein wenig von dem Mehl und evtl. eine Prise Zucker unter und lässt den Ansatz ca. 15 Minuten stehen. Man sagt dazu: Die Hefe geht. Es kann passieren, dass der Ansatz aus der Tasse quillt, wenn Sie eine zu kleine Tasse nehmen. Der Ansatz wird mit den restlichen Zutaten verknetet.

Je nach Größe der Eier und Mehlart kann die benötigte Flüssigkeitsmenge schwanken, darum die Flüssigkeit nie auf einmal zum Teig geben. Ca. 2 EL zurückbehalten, den Teig kurz kneten, sollte er zu fest sein, die restliche Flüssigkeit zugeben. Erst durch längeres Kneten wird der Mehlkleber aktiviert und der Teig elastisch. Anschließend lässt man den Teig in der Schüssel mit einem sauberen Geschirrtuch bedeckt an einem warmen Plätzchen ruhen. Er soll in dieser Zeit sein Volumen ungefähr verdoppeln. Nochmals kneten, ausrollen, belegen und zu guter Letzt wieder gehen lassen. Zum Ausrollen evtl. leicht mit Mehl bestäuben. Gebäck aus Hefeteig eignet sich auch sehr gut zum Einfrieren.

Der Quark-Ölteig

… ein schneller und unkomplizierter Ersatz für den Hefeteig

Fast alle Rezepte, die aus Hefeteig gemacht werden, kann man auch mit Quark-Ölteig herstellen. Bei diesem Teig werden einfach alle Zutaten miteinander verknetet und der Teig dann ausgerollt.

Verwenden Sie am besten Magerquark oder Schichtkäse. Diesen gut abtropfen lassen, auspressen (wie manchmal beschrieben) ist nicht nötig, einfacher ist es, die Milchmenge zu reduzieren.

Verwenden Sie nur geschmacksneutrales Öl wie Sonnenblumen- oder Distelöl.

Wie zum Hefeteig, passen auch zum Quark-Ölteig eine feuchte Füllung oder ein fruchtiger Belag.

Nicht zu dunkel backen, sonst wird er zu trocken.

Der Blätterteig

… rasch aus dem Gefrierfach zum knusprigen Gebäck geformt

Es gibt den Blätterteig gefroren in Platten oder frisch im Kühlregal schon ausgerollt. Natürlich kann man ihn auch selber machen, der Geschmacksunterschied steht allerdings in keinem Verhältnis zum Aufwand.

Der Blätterteig besteht aus einem einfachen Teig und vielen Schichten Butter, die durch oftmaliges Falten und Ausrollen zwischen die Teigschichten gearbeitet werden. Diese Butterschichten enthalten Wasser, das wiederum beim Backen zu Dampf wird und die

Teigschichten „aufblättern" lässt. Gefrorene Platten für größere Flächen am Rand mit Wasser bestreichen, 1 cm weit übereinander legen und dann etwas ausrollen. Beim Ausrollen auf gleichmäßigen Druck achten, sonst werden die Teig-Butterschichten verletzt.

Bereits ausgerollten Teig gleich so verwenden. Blätterteigreste niemals zusammenkneten, sondern nur übereinander legen und ausrollen. Für eine schönere Farbe ein Eigelb mit etwas Wasser verquirlen und auf die Gebäckoberfläche streichen. Beim Backen eine feuchte Atmosphäre im Ofen schaffen. Entweder das Backblech vor dem Belegen kalt abspülen oder zwischen die Gebäckteile etwas Wasser träufeln. Nicht mit Umluft und lange genug backen, der Teig bleibt auf der Unterseite gerne speckig.

Was in diesem Kapitel noch wichtig ist:

Die verschiedenen Methoden, um Sahne, Quark und Co. schnittfest zu machen: Schlagsahne immer kalt in einem hohen Rührbecher steif schlagen. Steif heißt, ein Messerschnitt bleibt sichtbar und beim Umdrehen der Schüssel bleibt die Sahne da, wo sie ist. Achtung: Wird die Sahne zu lange geschlagen, wird sie zu Butter. Dann gibt es ein selbst gemachtes Butterbrot. Wenn möglich, frische Schlagsahne mit hohem Fettgehalt verwenden, da diese besser steif wird. Bei der Zugabe von Sahnesteif die Sahne schlagen, bis sie beginnt, fester zu werden, dann erst das Sahnesteif zugeben und fertig schlagen.

Gelatine:

Bei der Verwendung von Gelatine ist Vorsicht geboten, schnell gibt es sonst Klümpchen. Gelatine immer in kaltem Wasser lange genug einweichen. Dann mit der Hand ausdrücken und in einem kleinen Topf, evtl. mit 2 EL Flüssigkeit (nach Rezept), zerlaufen lassen. NICHT KOCHEN! Anschließend immer einen Teil der kalten Bestandteile (Sahne, Quark

usw.) esslöffelweise in die flüssige Gelatine geben, NIE anders herum. Die Gelatinemischung sollte in etwa die Temperatur der anderen Zutaten haben. Jetzt können Sie die Gelatinemischung unter Rühren zum verbliebenen Rest geben. Richtig fest wird die Masse erst, wenn sie ganz durchgekühlt ist.

Kuchenboden schneiden:

Am einfachsten funktioniert es in der Regel mit einem Bindfaden und einem Brotmesser. Den Kuchenboden rundherum ca. 2 cm tief mit dem Messer einschneiden. Dabei langsam arbeiten, damit der Schnitt nicht wellig wird. Dann ein langes Stück Bindfaden in den Einschnitt legen, die beiden Fadenenden nahe am Kuchenboden über Kreuz nehmen und die so entstandene Schlinge langsam zuziehen. Den abgetrennten oberen Teil an einer Seite etwas anheben und dann Stück für Stück z. B. den Boden einer Springform darunter schieben und die Teigplatte abheben.

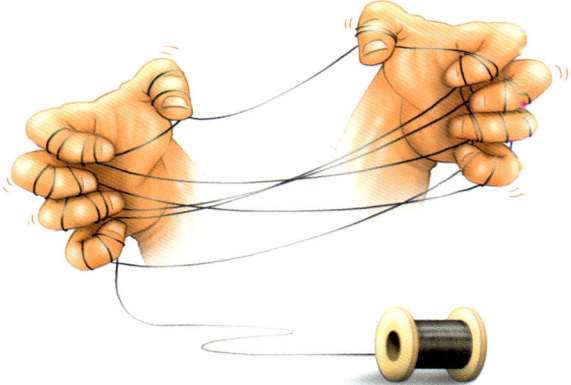

Es geht aber auch mit einem sehr langen Sägemesser (Klingenlänge > 26 cm). Am besten wird in Augenhöhe geschnitten, d. h., man beugt sich zu dem Kuchenboden herunter. Zunächst rundherum ca. 3–4 cm tief einschneiden. Dann an einer Stelle das Messer ansetzen und langsam „hin- und hersägen" (nicht einfach die Klinge durchdrücken), dabei den Boden drehen. Sehr fest gebackene Oberteile, die später auf einer Sahneschicht liegen, am besten gleich in die entsprechende Anzahl der Tortenstücke schneiden. Dann quetscht man hinterher bei Tisch nicht die Füllung aus der Torte.

BIENENSTICH

Zutaten

… für eine Springform
(26 cm Ø):
Margarine für die Form

… für den Teig:
250 g Mehl
21 g Hefe = ½ Würfel
100–125 ml lauwarme Milch
50 g Zucker
30 g zerlassene Butter
1 Prise Salz
1 Ei

… für den Belag:
2 EL Honig
60 g Zucker
50 g Butter
100 g Mandelblättchen

… für die Füllung:
400 ml Schlagsahne
1 Päckchen Sahnesteif
1 Becher Vanillepudding (mit Sahne)
4 Blatt Gelatine
2 EL Rum
3 Päckchen Vanillezucker

Zubereitung:

1. Das Mehl in eine Schüssel sieben, in die Mitte eine Mulde drücken, die Hefe hineinbröckeln und nach und nach mit 100 ml Milch, einer Prise Zucker und etwas Mehl zu einem Brei rühren. Etwas Mehl darüber stauben, mit einem sauberen Küchentuch abdecken und an einem warmen Ort ca. 10 Min. gehen lassen.

2. Den Zucker, zerlassene Butter, Salz und das Ei zum Mehl geben und alles mit den Knethaken des Handrührgerätes verkneten, evtl. die restliche Milch zugeben. Mindestens 5 Min. kneten, bis sich der Teig vom Schüsselrand löst.

Den Teig wieder abdecken und so lange gehen lassen, bis er sich verdoppelt hat.

3. In der Zwischenzeit eine Springform mit Margarine ausstreichen. Den Ofen auf 175° C vorheizen.

4. Den Teig mit den Händen kurz kneten, dann auf die Größe der Springform ausrollen und in die Form legen. Noch einmal gehen lassen.

5. Den Honig, den Zucker und die Butter in einem kleinen Topf schmelzen lassen. Von der Herdplatte nehmen und die Mandelblättchen unterrühren. Etwas abkühlen lassen.

6. Die Mandelmasse vorsichtig auf den Teig geben und verteilen. Den Bienenstich im Ofen ca. 30 Minuten backen. Die Oberfläche sollte mittelbraun sein, nicht zu dunkel. Aus dem Ofen nehmen, abkühlen lassen, aus der Form lösen und auf ein Kuchengitter setzen.

7. Danach mit einem Sägemesser waagrecht in der Mitte durchschneiden. Die Oberseite in Tortenstücke schneiden.

8. Die Gelatine in kaltem Wasser ca. 10 Min. einweichen, ausdrücken und mit dem Rum in einen kleinen Topf geben. Vorsichtig erwärmen – auf keinen Fall kochen –, bis sie sich ganz gelöst hat. Den Vanillepudding nach und nach dazurühren.

9. Die Sahne mit den Schneebesen cremig schlagen, das Sahnesteif und den Vanillezucker dazugeben und ganz steif schlagen. Die Vanillepuddingmasse unterrühren.

10. Die Füllung auf dem Kuchenboden verteilen, glatt streichen – nicht zu nahe an den Rand streichen – und mindestens 1 ½ Stunden kühl stellen. Danach die in Tortenstücke geschnittene Oberseite gleichmäßig auf die Sahnecreme legen.

 Zubereitung: 50 Minuten | Backen: 30 Minuten | Fertigstellen: 20 Minuten
Kühlzeit: 1 ½ Stunden

Tipp:

Sie können Bienenstich auch sehr gut auf Vorrat backen. Der gebackene
Kuchenteig lässt sich problemlos einfrieren. Während der Kuchen auftaut,
können Sie in aller Ruhe die Füllung zubereiten.

WESPENNESTER

Zutaten

… für eine Springform
(26 cm Ø):
Margarine für die Form

… für den Teig:
21 g Hefe = ½ Würfel
8 EL lauwarme Milch
350 g Mehl
70 g Butter
50 g Zucker
1 Ei
1 Prise Salz
abgeriebene Schale von ½ Zitrone oder
2 Tropfen Zitronenaroma

… für die Füllung:
50 g gehackte Mandeln
100 g Rosinen
2 EL Zucker
½ TL Zimt
ca. 100 g Butter

Zubereitung:

1. Eine Springform gut mit Margarine ausstreichen.

2. In eine große Tasse oder eine kleine Schüssel die Hefe hineinbröckeln und mit 3 EL der Milch und 2 EL von der Mehlmenge gut verrühren. Ca. 10 Minuten gehen lassen.

3. Die Butter mit dem Zucker, Salz und Zitronenschale oder -aroma mit den Schneebesen des Handrührgerätes oder der Küchenmaschine schaumig rühren. Das Ei dazugeben und unterrühren.

4. Das gesiebte Mehl und die restliche Milch dazugeben und rasch unterrühren, dann den Vorteig hinzufügen und mit den Knethaken so lange kneten, bis sich der Teig gut von der

Schüssel löst, mindestens aber fünf Minuten. Dann mit einem sauberen Tuch bedecken und gehen lassen, bis er etwa doppelt so groß ist. Das dauert ca. 45 Minuten.

5. Die Butter in einem Töpfchen zerlaufen lassen. Den Zucker mit dem Zimt mischen. Die Rosinen waschen und trockentupfen.

6. Den Teig auf einer leicht bemehlten Fläche zu einem ca. 40 cm breiten und 0,5 cm dicken Streifen ausrollen. Mit etwas zerlaufener Butter bestreichen und die Mandeln, Rosinen und den Zimtzucker gleichmäßig darauf streuen. Den Teig der Länge nach aufrollen und 2,5 bis 3 cm dicke Scheiben abschneiden.

7. Die Scheiben mit der Schnittfläche in die zerlaufene Butter tauchen und nebeneinander in die Springform setzen. Evtl. mit der restlichen Butter bestreichen. Noch einmal ca. 30 Minuten gehen lassen.

8. Den Ofen auf 175° C vorheizen. Die Springform in den vorgeheizten Ofen schieben und den Kuchen ca. 30 Minuten backen.

9. Danach herausnehmen, abkühlen lassen, aus der Form lösen und auf ein Kuchengitter setzen.

Tipp:

Beim Anschneiden der Nester kommen die Wespen zum Vorschein. Am besten schmeckt dazu eine mit Vanillezucker geschlagene Sahne.

AMARETTIZOPF

Zutaten

... für ein Backblech
(30 x 40 cm):
Backpapier

... für den Teig:
500 g Mehl
42 g Hefe = 1 Würfel
200 ml lauwarme Milch
60 g Zucker
80 g Butter
½ TL Salz
2 Eigelb

... für die Füllung:
2 Eiweiß
200 g Marzipanrohmasse
200 g Amarettikekse
100 g gemahlene Mandeln
3–4 EL Rum

... für den Guss:
250 g Puderzucker
1 ausgepresste Zitrone

Zubereitung:

1. Das Mehl in eine Schüssel sieben, in die Mitte eine Mulde drücken, die Hefe hineinbröckeln und mit ca. 6 EL Milch und ein wenig Mehl zu einem Brei rühren, die Hefe sollte ganz gelöst sein. Mit etwas Mehl bestäuben, mit einem sauberen Tuch abdecken und ca. 10 Minuten ruhen lassen.

2. Die Butter vorsichtig in einem Töpfchen schmelzen lassen, mit der restlichen Milch und allen anderen Zutaten zum Vorteig geben und mit den Knethaken des Handrührgerätes oder der Küchenmaschine gut verkneten. Mindestens fünf Minuten kneten, bis sich der Teig vom Schüsselrand löst. Mit der Hand zu einer Kugel formen. Die Schüssel mit etwas Mehl ausstauben und die Teigkugel darin zugedeckt an einem warmen Ort ca. 50 Minuten bis zur doppelten Größe aufgehen lassen.

3. In der Zwischenzeit die Füllung vorbereiten. Das Marzipan nach und nach mit dem Eiweiß verkneten (am besten mit den Fingern oder einer Gabel), den Rum unterrühren.

4. Die Kekse zerbröseln (entweder in einem Mixer oder in einen Gefrierbeutel geben und mit dem Nudelholz oder einer Flasche zerdrücken). Die Brösel und die Mandeln unter die Marzipanmasse rühren. Die Masse sollte streichbar sein, evtl. noch etwas Rum zufügen.

5. Eine Arbeitsfläche mit Mehl bestäuben, den Teig kurz mit der Hand kneten und dann auf ca. 40 x 50 cm ausrollen. Mit der Marzipanmasse bestreichen und von der Längsseite her aufrollen.

6. Ein Backblech mit Backpapier belegen. Die Teigrolle auf das Backpapier legen, mit einem scharfen Messer der Länge nach durchschneiden und die beiden Stränge zu einem Zopf legen.

7. Den Ofen auf 180° C vorheizen. Den Zopf noch einmal ca. 20 Minuten gehen lassen. Im Ofen ca. 40 Minuten backen. Herausnehmen und etwas auskühlen lassen.

8. Den Puderzucker mit dem Zitronensaft zu einem dickflüssigen Guss verrühren, den noch warmen Zopf damit übergießen und mit einem Pinsel verstreichen.

Tipp:

Sie können den ausgerollten Hefeteig auch in Dreiecke (ca. 15 cm) schneiden, mit einem guten TL Füllung in der Mitte bestreichen und zu Hörnchen aufrollen. Weiter wie mit dem fertig gelegten Zopf.

Zubereitung: 50 Minuten | Ruhezeit: 70 Minuten | Backen: 40 Minuten

Da nehme ich mir 5 Stückchen mit ins Büro!

SPIEGELEIER

Zutaten

... für 6 Stück:
Backpapier

... für den Teig:
125 g Quark
60 g Zucker
3 Tropfen Zitronenaroma
1 Prise Salz
4 EL neutrales Öl
1 EL Milch
1 Eigelb
200 g Mehl
½ Päckchen Backpulver

... für den Quark:
4 EL Zucker
1 EL Puddingpulver
3 EL Sahne
125 g Quark
1 EL Zitronensaft
1 Eiweiß

1 kleine Dose halbierte Aprikosen

Zubereitung:

1. Ein Backblech mit Backpapier belegen.

2. Die Aprikosen über einem Sieb abtropfen lassen.

3. Den Quark mit Zucker, Zitronenaroma, Salz, Öl, Milch und dem Eigelb mit einem Löffel verrühren. Das Mehl mit dem Backpulver mischen, durchsieben und mit den Knethaken des Handrührgerätes oder der Küchenmaschine unter den Quark kneten.

4. Den Teig in 6 gleiche Teile teilen. Jedes Teil zu einer Kugel formen und auf einer bemehlten Fläche zu einem Kreis von ca. 15 cm ausrollen. Mit dem Handballen in die Mitte eine Mulde drücken. Die Teigkreise auf das Backpapier legen.

5. Den Ofen auf 180° C vorheizen.

6. Den Zucker mit dem Puddingpulver mischen, mit der Sahne anrühren und den Quark unterrühren.

7. Das Eiweiß mit dem Zitronensaft mit den Schneebesen des Handrührgerätes steif schlagen und unter den Quark heben. Die Quarkmasse auf die 6 Mulden verteilen.

8. In jeden der Quarkflecken eine Aprikosenhälfte mit der Wölbung nach oben setzen. Im vorgeheizten Ofen ca. 15–20 Minuten backen. Die Spiegeleier sollten einen leicht braunen Rand haben.

Tipp:

Wenn Sie Hagelzucker zur Hand haben, streuen Sie ihn vor dem Backen auf die überstehenden Teigränder – dann sieht es aus wie „gesalzen".

BLÄTTERTEIGHÖRNCHEN

Zutaten

... für 12 Stück:
Backpapier
1 Packung tiefgekühlter Blätterteig (450 g)

... für die Füllung:
100 g gekochter Schinken
1 mittelgroße Zwiebel
1 kleine Knoblauchzehe nach Geschmack
1 EL Öl
2 EL gehackte Petersilie
Salz
Pfeffer
1 Ei

Zubereitung:

1. Den Blätterteig auftauen lassen.

2. Den Schinken klein schneiden.

3. Die Zwiebel schälen, halbieren und in möglichst kleine Würfel schneiden. Mit dem Knoblauch ebenso verfahren.

4. Das Öl in einem kleinen Topf erhitzen und die Zwiebel darin andünsten, bis sie glasig ist. Den Schinken und den Knoblauch dazugeben und noch kurze Zeit mitdünsten. Dann mit Salz und Pfeffer kräftig abschmecken und auskühlen lassen.

5. Die Petersilie waschen, trockenschütteln, die Blätter abzupfen und klein schneiden, unter die ausgekühlte Mischung rühren.

6. Das Ei mit einer Gabel in einer Tasse verschlagen. Die Hälfte zu der Schinken-Zwiebelmischung geben und unterrühren.

7. Den Ofen auf 220° C vorheizen. Ein Backblech mit Backpapier belegen.

8. Die Blätterteigplatten auf einer leicht bemehlten Fläche nur leicht ausrollen und mit einem scharfen Messer in längliche Dreiecke schneiden. Dabei sollte die Höhe ca. zweimal so lang wie die Breite sein (ergibt etwa 12 Dreiecke).

9. Die Längskanten der Dreiecke mit etwas Wasser bestreichen. Auf jedes Dreieck an der Breitseite einen Teelöffel von der Füllung geben. Dann die Dreiecke zur Spitze hin zusammenrollen, die Spitze muss unten liegen. Die Teiglinge zu Hörnchen formen.

10. Die Hörnchen mit wenig von dem übrigen Ei bepinseln und auf das Backpapier legen. Zwischen den Hörnchen auf dem Blech etwas Wasser verteilen – sie sollen aber nicht den Freischwimmer machen. Der beim Backen entstehende Wasserdampf lässt den Blätterteig nämlich schön aufgehen. Dann das Blech in den vorgeheizten Ofen schieben und ca. 20 Minuten backen. Die Hörnchen sollten eine schöne Backfarbe haben und nicht mehr „durchsichtig" aussehen.

Tipp:

Probieren Sie die Hörnchen doch auch einmal mit der süßen Füllung aus dem Amarettizopf-Rezept.

Und für Käsemäuse: Schafskäse mit klein geschnittenen Oliven oder Petersilie und einem Ei vermischen, und die Hörnchen damit füllen.

APFEL-SPECK-PIZZA

Zutaten

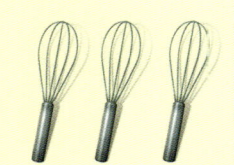

… für eine Springform
(26 cm Ø):
Backpapier

… für den Teig:
200 g Mehl
15 g Hefe
100 ml lauwarmes Wasser
1 Prise Zucker
1 Prise Salz
1 EL Olivenöl

… für den Belag:
2 kleine Zwiebeln
150 g Speck (Bauchspeck)
1 EL Öl
100 g Greyerzer (oder anderer würziger
Hartkäse)
2 kleine säuerliche Äpfel (z. B. Braeburn,
Gloster)
1 große Dose ganze geschälte Tomaten
1 TL getrockneter Oregano
½ TL Pfeffer
½ TL Salz
1 Prise Zucker

Zubereitung:

1. Das Mehl in eine Schüssel sieben und in die Mitte eine Mulde hineindrücken. Die Hefe hineinbröckeln, die Prise Zucker dazu, 50 ml lauwarmes Wasser unter Rühren vorsichtig dazugießen und die Hefe auflösen. So wenig Mehl wie möglich zu dem Teig rühren. Den Vorteig 10 Minuten gehen lassen.

2. Dann das Salz, das Olivenöl und nochmals 50 ml lauwarmes Wasser dazugeben und alles mit den Knethaken des Handrührgerätes oder der Küchenmaschine verkneten, bis sich der Teig vom Schüsselrand löst, mindestens aber fünf Minuten. Zum Schluss auf eine leicht bemehlte Fläche geben und mit den Händen noch einmal gut durchkneten. Zurück in die Schüssel legen, abdecken und den Teig an einem warmen Ort ca. 45 Minuten gehen lassen.

3. In der Zwischenzeit die Zwiebeln schälen, halbieren, in feine Scheiben schneiden. Den Speck in kleine Würfel schneiden. Beides in einer Pfanne in dem Öl anbraten und dann auskühlen lassen.

4. Die Tomatendose öffnen, den Saft gut ablaufen lassen, die Tomaten in kleine Würfel schneiden, dabei den Stielansatz entfernen. Mit dem Salz, Pfeffer, Zucker und Oregano würzen.

5. Die Äpfel waschen, vierteln, entkernen und in dünne Spalten schneiden.

6. Den Käse reiben.

7. Den Ofen auf 225° C vorheizen. Einen Springformboden mit Backpapier belegen.

8. Den Teig noch einmal kurz durchkneten, auf leicht bemehlter Fläche auf die Größe der Springform ausrollen. Zuerst die Tomaten darauf verteilen, dann mit Apfelspalten belegen, Speck und Zwiebeln über die Äpfel geben. Zum Schluss den Käse darüber streuen.

9. Im Ofen ca. 20 Minuten backen, bis der Teig eine schöne braune Farbe hat und der Käse zerlaufen ist.

Tipp:

Den Teig können Sie mit verschiedenen Zutaten – ganz nach Ihrem Geschmack – belegen. Probieren Sie doch einfach Ihre eigenen Pizza-Variationen!

Zubereitung: 45 Minuten | Ruhezeit: 55 Minuten

Backen: 20 Minuten

SCHWIERIGKEITSGRAD 4

Der Biskuit

... die luftige Unterlage für allerlei Köstliches

Richtig locker wird der Biskuit, wenn das Eiweiß und das Eigelb getrennt schaumig geschlagen werden. Das Mehl möglichst sieben, so kommt noch mehr Luft unter den Teig. Mit dem Teigschaber wird dann die Masse vom Grund der Schüssel immer wieder über den Eischnee bzw. das Mehl gehoben, bis alles vermischt ist. Auf keinen Fall mit der Maschine arbeiten.

Die Springform nur am Boden fetten und mehlen, nicht aber den Rand, so geht der Teig richtig auf. Sie können auch den Springformboden mit Backpapier auslegen, das nach dem Stürzen abgezogen wird. Den Biskuit nicht zu dunkel backen, sonst wird er trocken. Nach dem Backen etwas auskühlen lassen, mit einem Messer vom Springformrand losschneiden.

Zum weiteren Auskühlen leicht mit Stärkemehl bestäuben und auf ein Backpapier oder auf ein Kuchengitter stürzen. Das Stärkemehl verhindert das Ankleben der Backhaut (= oberste Teigschicht), das Stürzen bewirkt eine geradere Oberfläche.

Vor dem Schneiden in einzelne Böden mindestens 6 Stunden, besser aber 12 Stunden ruhen lassen. Dann gibt es weniger Krümel und der Biskuit lässt sich besser schneiden. Ob jetzt heller Boden und dunkle Füllung oder anders herum, bleibt Ihrer Fantasie überlassen.

Was in diesem Kapitel noch wichtig ist:

Buttercreme:
Eine sog. deutsche Buttercreme besteht aus einem Teil Pudding und einem Teil schaumiger Butter. Den Puddinganteil nicht vergrößern oder zu dünn kochen, sonst gerinnt die Buttercreme. Beide Teile müssen die gleiche Temperatur haben, damit die Butter nicht zerläuft und es eine homogene Creme wird. Also Pudding rechtzeitig kochen und auskühlen lassen – es soll sich aber keine Haut bilden. Dafür den Pudding entweder in eine luftdicht verschließbare Schüssel geben oder immer wieder mal umrühren. Anschließend nur esslöffelweise zur Butter geben. Probieren Sie doch auch mal Schokobuttercreme mit Schokopudding und einer Tafel geschmolzener Schokolade.

Rohe Eier:
Wenn rohe Eier für eine Füllung verwendet werden, dann nur ganz frische nehmen, die Torte gut kühlen und bald verzehren.

Sahnefüllungen:

Verwenden Sie hierfür keine frischen Kiwis oder Ananas, da diese Früchte ein Enzym enthalten, das die Sahne bitter werden lässt. Entweder auf Dosenobst umsteigen oder das frische Obst kurz aufkochen. Zu viel Saft von Zitrusfrüchten schadet der Gelatine, deshalb auch diesen Saft sicherheitshalber aufkochen.

Tränken:

Aber nicht ersäufen! kann man jeden Biskuitboden. Dafür wird 1 Teil Zucker mit 1 Teil heißem Wasser aufgelöst. Für den Geschmack Instantkaffee oder Kakao gleich zum heißen Wasser geben. Alkohol oder Fruchtsaft erst dazugeben, wenn die Mischung etwas abgekühlt ist. Auch hier gilt: Probieren geht über Studieren. Die Tränke soll einen guten Geschmack haben und zur Tortenfüllung passen, auch mit der Farbe. Das Tränken selbst geht am besten mit einer Flasche, in welche die Tränke umgefüllt wird. Dann die Finger vor die Öffnung halten und die Flüssigkeit gleichmäßig über den Tortenboden träufeln. Am Rand etwas mehr, in der Mitte weniger. Den untersten Boden einer Torte nicht zu stark tränken, dafür den Rest mehr. Jeder Biskuitboden schluckt etwa 100 ml.

Füllen:

Die Torte je nach Rezept ein- bis zweimal waagrecht durchschneiden. Den unteren Boden in die gesäuberte Springform legen. Die Füllung nach Anzahl der Schichten aufteilen, dabei darauf achten, ob für den Deckel und den Rand noch etwas gebraucht wird. Den ersten Teil der Füllung am besten mit einem Esslöffel möglichst gleichmäßig dick auf den Boden streichen. Den mittleren Boden darauf legen und leicht mit der flachen Hand andrücken, so dass er gleichmäßig auf der Füllung liegt. Damit werden auch kleine Unebenheiten ausgeglichen. Evtl. mit dem mittleren ebenso verfahren.

Soll die Torte oben noch mit Füllung bestrichen werden, legen Sie den Deckel des Kuchens mit der Schnittfläche nach oben in die Springform. So ergibt sich eine gerade Oberfläche. Wird die Torte z. B. nur noch mit Puderzucker überstaubt, wird der Deckel mit der Backhaut nach oben eingelegt. Lassen Sie die Torte vor dem Verzieren ca. zwei Stunden kühlen. Dann aus dem Springformrand schneiden, aber auf dem Blechboden stehen lassen. Mit einem breiten Messer die Füllung gleichmäßig auf den Rand und die Oberfläche streichen. Evtl. mit einem sauberen 30-cm-Lineal die Oberfläche glätten. Sollen Tupfen auf jedes spätere Stück, wird mit einem Teelöffel ein wenig Füllung auf die leicht markierten „Stücke" gesetzt. Falls vorhanden, können Sie natürlich auch etwas Creme bzw. Füllung in einen Spritzbeutel geben und dekorative Tupfen aufspritzen.

Noch eine Mokkabohne, Kirsche oder Erdbeere in jeden Tupfen gesetzt – und schon ist das Meisterwerk fertig.

Rand verzieren:

Für einen mit Mandelblättchen oder Schokostreuseln verzierten Rand werden diese in eine flache Schüssel gegeben. Die Torte steht auf einem Backpapier, so können heruntergefallene Streusel wieder verwendet werden. Mit dem breiten Messerrücken etwas von den Streuseln aufnehmen und an den Rand drücken, die Torte drehen und immer so weiter.

Beschriften:

Für einen geschriebenen lieben Gruß bedarf es einiger Übung. Übergießen Sie die Torte wie im Rezept Punschtorte beschrieben mit einem Zitronenguss. Den Guss trocknen lassen. Dann Kuchenglasur erwärmen und in einen kleinen Gefrierbeutel füllen. Die Öffnung gut zudrehen. Eine winzige untere Spitze vom Beutel mit einer Schere abschneiden. Mit dem herauslaufenden „Faden" auf den Guss schreiben. Probieren Sie es zuerst auf einem Backpapier, dann können Sie die Kuchenglasur wieder verwenden.

KAMINKEHRERTORTE

Zutaten

… für eine Springform
(26 cm Ø):
Backpapier

… für den Boden:
5 Eier
1 EL heißes Wasser
175 g Zucker
1 Prise Salz
1 Päckchen Vanillezucker
175 g Mehl
1 TL Backpulver
60 g Kakaopulver
etwas Stärkemehl

… für die Füllung:
250 g dunkle Kuvertüre oder
Halbbitterschokolade
2 Eier
2 EL Puderzucker
500 ml Schlagsahne
evtl. 3–4 EL Rum

2 EL Kakaopulver
Papierstreifen für die Dekoration

Zubereitung:

1. Eine Springform am Boden mit Backpapier auslegen und den Ofen auf 175° C vorheizen.

2. Die Eier in eine Schüssel geben, 1 EL heißes
Wasser dazu und mit den Schneebesen des
Handrührgerätes oder der Küchenmaschine
leicht schaumig schlagen, den Zucker und das
Salz dazugeben und ca. fünf Minuten richtig
cremig schlagen.

3. Das Mehl mit dem Backpulver und dem Kakao
mischen, über die Eiermasse sieben und alles
vorsichtig mit dem Teigschaber vermengen. In
die Form füllen und ca. 30 Minuten backen.

4. 10 Minuten auskühlen lassen, aus der Form
schneiden und die Oberfläche leicht mit
Stärkemehl bestäuben. Auf ein Backpapier
oder ein Kuchengitter stürzen und vollständig
auskühlen lassen. Den Boden mindestens 6,
eher 12 Stunden (über Nacht) ruhen lassen,
dann lässt er sich besser schneiden.

5. Die Schokolade vorsichtig in einer Schüssel
über dem Wasserbad oder in der Mikrowelle
schmelzen lassen.

6. Die Eier mit dem Puderzucker schaumig
schlagen. Die flüssige Schokolade unter
Weiterrühren langsam zu der Eiermasse
laufen lassen.

7. Die Sahne steif schlagen und mit dem Teigschaber vorsichtig unter die Eiermasse heben.
Kühl stellen.

8. In der Zwischenzeit den Biskuitboden zweimal
waagrecht durchschneiden. Die oberen beiden
Böden mit einem Papier abheben und auf die
Seite legen. Den unteren Boden wieder in die
gesäuberte Springform legen. Die Sahne-
Schokomasse dritteln, ein Drittel am besten
mit einem Esslöffel auf den unteren Boden
streichen. Den mittleren Boden auflegen und
mit der flachen Hand etwas festdrücken, evtl.
mit dem Rum tränken. Das zweite Drittel der
Sahne darauf streichen. Nun den obersten
Boden mit der Schnittfläche nach oben darauf
legen und festdrücken. Mit der restlichen
Sahne bestreichen. Mindestens zwei Stunden
kühl stellen. Dann den Springformrand mit
einem in heißes Wasser getauchten Messer
losschneiden und abnehmen.

9. Die Papierstreifen in einem Gittermuster auf
die Torte legen, Kakaopulver in ein feines Sieb
geben und über das Papier sieben. Das Papier
vorsichtig abheben.

Zubereitung: 20 Minuten | Backen: 30 Minuten
Ruhezeit: mindestens 6 Stunden
Fertigstellen: 30 Minuten | Kühlen: 2 Stunden

Tipp:

Für eine Weihnachtstorte geben Sie zum Teig (zum Mehl) noch 1 TL Lebkuchengewürz und/oder zur Ei-Schokomischung für die Füllung noch 2 TL Zimt. Wenn Sie dann noch Zimtsterne als Dekoration auf die Oberfläche legen, ist die Weihnachtstorte perfekt.

ZITRONENSAHNETORTE

Zutaten

… für eine Springform
(26 cm Ø):
Backpapier

… für den Boden:
5 Eier
1 Prise Salz
180 g Zucker
1 EL heißes Wasser
140 g Mehl
60 g Stärkemehl
½ TL Backpulver
etwas Stärkemehl

… für die Füllung:
400 g Schlagsahne
120 g Zucker
1 unbehandelte Zitrone oder ein Päckchen
Zitroback
4 Blatt Gelatine

… für die Verzierung:
200 g Schlagsahne
1 Päckchen Sahnesteif
1 unbehandelte Zitrone
evtl. Haselnusskrokant

Zubereitung:

1. Den Boden einer Springform mit Backpapier belegen. Den Ofen auf 180° C vorheizen.

2. Die Eier trennen, das Eiweiß und das Salz mit den Schneebesen des Handrührgerätes oder der Küchenmaschine steif schlagen. 100 g Zucker dazugeben und cremig schlagen.

3. Die Eigelbe mit dem restlichen Zucker (80 g) und 1 EL heißem Wasser cremig rühren. Das Mehl mit dem Stärkemehl und dem Backpulver mischen. Die Eigelbe zum Eischnee geben, die Mehlmischung darüber sieben und alles vorsichtig mit dem Teigschaber unterheben. Die

Masse in die Form füllen und im vorgeheizten Ofen ca. 30 Minuten backen.

4. 10 Minuten auskühlen lassen, aus der Form schneiden und die Oberfläche mit ein wenig Stärkemehl bestäuben. Auf ein Kuchengitter stürzen. Das Papier von der Unterseite abziehen. Mindestens sechs Stunden ruhen lassen.

5. Den Kuchen wieder umdrehen. Mit einem Messer oder einem Faden den Kuchen zweimal waagrecht durchschneiden. Die oberen beiden Böden auf die Seite legen.

6. Die Zitrone heiß abwaschen, abtrocknen und die Schale auf einen flachen Teller reiben. Die Zitrone halbieren und den Saft auspressen.

7. Die Gelatine in kaltem Wasser 10 Minuten einweichen. Den Zitronensaft mit der Schale und dem Zucker in einem kleinen Topf verrühren und kurz aufkochen lassen. Die Gelatine ausdrücken und in dem nicht mehr kochenden Zitronensaft auflösen. Etwas abkühlen lassen.

8. Die Sahne steif schlagen, 4 EL von der Sahne abnehmen und unter die Gelatine rühren. Die „angeglichene" Gelatine unter Rühren rasch zur restlichen Sahne geben.

9. Den unteren Tortenboden wieder in die gesäuberte Springform legen. Die Sahnemasse halbieren, eine Hälfte auf den unteren Tortenboden streichen. Den mittleren Boden auflegen und etwas festdrücken. Mit der restlichen Sahne bestreichen. Den obersten Boden auflegen und festdrücken. Nach mindestens drei Stunden Kühlzeit aus der Form lösen.

10. 200 g Schlagsahne mit dem Sahnesteif steif schlagen, die Torte rundherum mit ca. ⅔ der Sahne einstreichen. Von der restlichen Sahne kleine Tupfen auf die Torte setzen. Die Zitrone waschen, abtrocknen, in Scheiben schneiden, vierteln und dekorativ in die Tupfen setzen. Evtl. mit einem breiten Messer den Krokant an den Rand drücken und auf die Oberfläche der Torte streuen.

Zubereitung: 20 Minuten | Backen: 30 Minuten | Ruhezeit: 6 Stunden | Fertigstellen: 40 Minuten | Kühlen: 3 Stunden

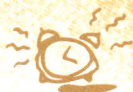

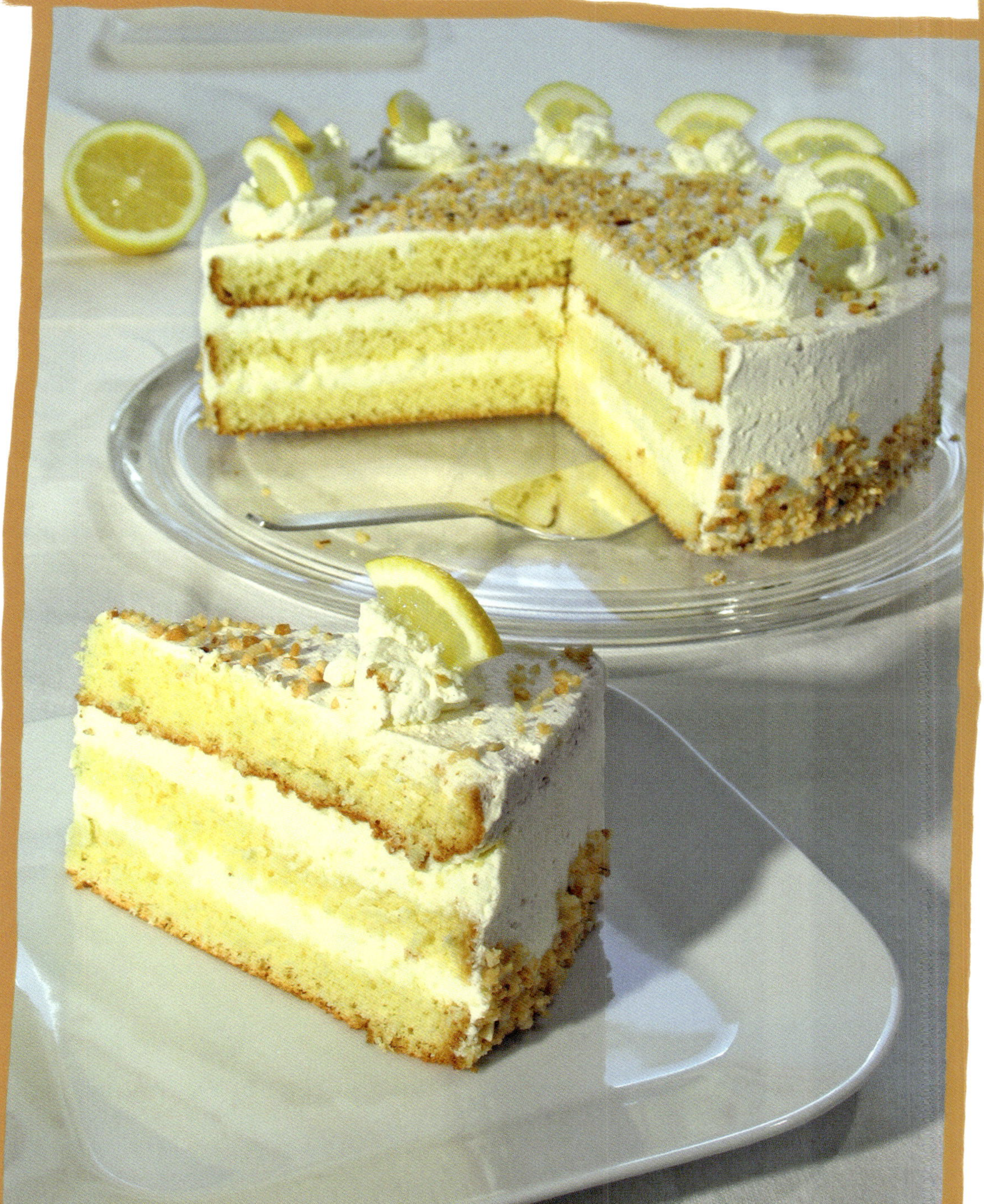

Tipp:

Haben Sie Zitronenlikör oder Orangenlikör zu Hause? Dann beträufeln Sie zusätzlich die Biskuitböden damit.
Zur Dekoration eignen sich auch hervorragend nicht gesalzene, geschälte und geriebene oder gehackte Pistazienkerne.

SACHERTORTE

Zutaten

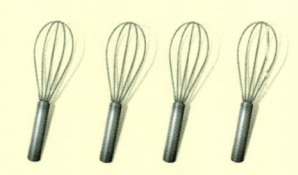

... für eine Springform
(26 cm Ø):
2 Töpfe für ein Wasserbad
Margarine und Mehl für die Form

... für den Teig:
200 g Bitterschokolade
6 Eier
150 g weiche Butter
125 g Zucker
1 Prise Salz
1 Päckchen Vanillezucker
100 g Mehl
50 g Stärkemehl
50 g geschälte, gemahlene Mandeln
1 TL Backpulver

... für die Füllung:
300 g Aprikosenmarmelade
1 EL Zitronensaft
1 EL Zucker

... für die Glasur:
150 g Kakaofettglasur

Zubereitung:

1. Eine Springform mit Margarine ausstreichen und mit Mehl bestäuben.

2. In einem Wasserbad oder in der Mikrowelle die Schokolade schmelzen.

3. In der Zwischenzeit die Eier trennen, den Eischnee und eine Prise Salz mit den Schneebesen des Handrührgerätes oder der Küchenmaschine steif schlagen, 60 g Zucker dazugeben und cremig schlagen.

4. Den Ofen auf 180° C vorheizen.

5. Die Butter mit 65 g Zucker und dem Vanillezucker mit den Schneebesen schaumig rühren, nach und nach die Eigelbe zugeben und weiterrühren. Die etwas abgekühlte Schokolade langsam unter die Fettmasse rühren.

6. Das gesiebte Mehl, das Stärkemehl, das Backpulver und die Mandeln mischen. Den Eischnee und die Mehlmischung mit dem Teigschaber vorsichtig unter die Schokomasse rühren. Den Teig in die Form füllen und in den vorgeheizten Ofen schieben. Nach ca. 15 Minuten auf 160° C herunterschalten und den Kuchen noch weitere 40 Minuten backen. 10 Minuten im abgeschalteten Ofen ruhen lassen. Den Rand vorsichtig mit einem Messer losschneiden, den Kuchen vorsichtig aus der Form nehmen und auf ein Kuchengitter legen.

7. Den Boden nach dem Auskühlen einmal in der Mitte durchschneiden. Auf den unteren Boden 100 g Marmelade streichen, den oberen Boden wieder darauf legen. Mit der flachen Hand etwas andrücken.

8. Die restliche Marmelade (200 g) durch ein Sieb streichen (kleine Stücke würden später die Oberfläche stören) und in einem kleinen Topf mit dem Zitronensaft und dem Zucker aufkochen. Noch heiß auf die Oberfläche der Torte gießen und Oberfläche und Rand mit Marmelade bestreichen. Trocknen lassen. Die Torte auf einen mit Backpapier belegten Springformboden legen.

9. Die Kuchenglasur erhitzen und heiß über den Kuchen gießen, am Rand nachstreichen, trocknen lassen, vorsichtig mit einem Messer von dem Boden und dem Backpapier lösen.

Tipp:

Die Sachertorte schmeckt besonders lecker, wenn Sie die beiden Tortenhälften mit Rum beträufeln, bevor Sie die Marmelade darauf streichen.

Zubereitung: 30 Minuten | Backen: 55 Minuten | Fertigstellen: 20 Minuten

Ich bin ein Wiener!

MOKKA-BUTTERCREME

Zutaten

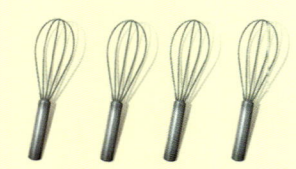

… für eine Springform
(26 cm Ø):
Backpapier

… für den Boden:
4 Eier
1 Prise Salz
200 g Zucker
1 Päckchen Vanillezucker
200 g Mehl
1 TL Backpulver
etwas Stärkemehl

… für die Füllung:
1 Päckchen Vanillepuddingpulver für 500 ml
Milch
400 ml Milch
1 EL Instantkaffeepulver
400 g Butter
200 g Puderzucker

… für die Tränke:
1 EL Instantkaffeepulver
4 EL Zucker
6 EL heißes Wasser

Mokkabohnen als Dekoration

Zubereitung:

1. Eine Springform am Boden mit Backpapier auslegen. Den Ofen auf 180° C vorheizen.

2. Die Eier trennen. Die Eiweiße mit Salz mit den Schneebesen des Handrührgerätes oder der Küchenmaschine steif schlagen, 100 g Zucker dazugeben und cremig schlagen.

3. Die Eigelbe mit dem restlichen Zucker (100 g) und dem Vanillezucker schaumig rühren. Das Mehl mit dem Backpulver mischen und über den Eischnee sieben. Die Eigelbmasse dazuge-

ben und mit dem Teigschaber vorsichtig unterheben. Den Teig in die Springform füllen und im vorgeheizten Ofen ca. 30 Minuten backen.

4. Herausnehmen und kurz auskühlen lassen. Den Springformrand mit einem Messer lösen. Die Kuchenoberfläche mit etwas Stärkemehl bestäuben und den Tortenboden auf ein Kuchengitter oder ein Backpapier stürzen. Mindestens sechs Stunden ruhen lassen.

5. Den Pudding nach Packungsanleitung zubereiten. Dabei aber nur 400 ml Milch verwenden und in der kochenden Milch das Kaffeepulver auflösen. Zum Abkühlen in einen luftdichten Behälter füllen oder immer wieder umrühren, damit sich keine Haut bildet.

6. Die weiche Butter mit dem Puderzucker schaumig rühren. Wenn der Pudding die gleiche Temperatur hat wie die Butter, den Pudding esslöffelweise unter die Butter rühren. Der Pudding darf nicht zu warm sein, sonst gerinnt die Butter.

7. Für die Tränke das Kaffepulver, den Zucker und das heiße Wasser verrühren. Etwas auskühlen lassen. Den Tortenboden zweimal waagrecht durchschneiden und die einzelnen Böden gleichmäßig mit der Tränke beträufeln.

8. Den unteren Boden in die gesäuberte Springform einsetzen. Mit einem Viertel der Buttercreme bestreichen. Den mittleren Tortenboden darauf legen, etwas festdrücken und mit derselben Menge Buttercreme bestreichen. Nun noch den obersten Boden mit der Schnittfläche nach oben darauf legen und festdrücken. Die Torte vorsichtig aus der Form nehmen.

9. Mit der restlichen Creme die Tortenoberfläche und den Rand bestreichen, dabei etwas für die Verzierung zurückbehalten. Die Torte mit Cremetupfen und Mokkabohnen verzieren.

 Zubereitung: 20 Minuten | Backen: 30 Minuten
Ruhezeit: 6 Stunden | Fertigstellen: 50 Minuten

Tipp:

Auch hier können Sie in der Mitte mit Kakaopulver verschiedene Motive zau-
bern. Lassen Sie die Torte am besten einen Tag kühl ruhen, es lohnt sich.

TRÜFFEL-FIX-ROULADE

Zutaten

… für ca. 10 Stücke:
Backpapier

… für den Teig:
5 Eier
1 Prise Salz
125 g Zucker
1 EL heißes Wasser
1 Päckchen Vanillezucker
125 g Mehl
¼ TL Backpulver

… für die Füllung:
200 ml Schlagsahne
Schokofertigcreme für 300 ml kalte Milch
150 ml Milch
20 ml Rum

Zubereitung:

1. Ein Backblech mit Backpapier belegen.

2. Den Ofen auf 200° C vorheizen.

3. Die Eier trennen. Die Eiweiße und das Salz mit den Schneebesen des Handrührgerätes oder der Küchenmaschine schaumig rühren, 60 g Zucker dazugeben und cremig schlagen.

4. Die Eigelbe mit dem restlichen Zucker (65 g), dem Vanillezucker und einem Esslöffel heißem Wasser schaumig rühren.

5. Das Mehl mit dem Backpulver mischen. Die Eigelbcreme zum Eiweiß geben, das Mehl darüber sieben und mit dem Teigschaber vorsichtig unterheben. Die Biskuitmasse gleichmäßig dick auf das Backblech streichen und im vorgeheizten Ofen 20 Minuten backen.

6. Wenn der Teig eine leicht braune Farbe hat, ihn herausnehmen und vom Backblech ziehen. Dann mit einem sauberen, feuchten Geschirrhandtuch bedecken und auskühlen lassen.

7. Die Sahne steif schlagen.

8. Das Schokopulver nur mit 150 ml Milch und dem Rum in ein hohes Rührgefäß geben und schaumig rühren. Die steif geschlagene Sahne mit dem Teigschaber unterheben.

9. Den abgekühlten Biskuit mitsamt dem Geschirrtuch umdrehen und das Papier vorsichtig abziehen. Wenn nötig, mit einem nassen Schwamm über das Papier streichen. Dann die Creme auf die Roulade streichen. Dabei an einer Längseite einen ca. 4 cm breiten Rand frei lassen. Die Roulade von der anderen Längseite her mithilfe des Geschirrtuches aufrollen. Die Nahtstelle sollte unten sein.

10. Auf eine längliche Kuchenplatte setzen. Evtl. mit Kakaopulver besieben, mit Tupfen aus etwas zurückbehaltener Creme oder mit Kuchenglasur verzieren.

Besser als die Rouladen von Mutti – und ganz ohne Bindfaden!

KIWITORTE

Zutaten

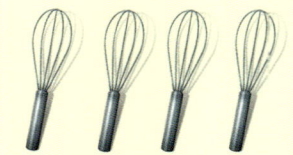

… für eine Springform
(26 cm Ø):
Backpapier

… für den Boden:
250 g Butterkekse
125 g Butter

… für die Füllung:
1 Päckchen Götterspeise Zitronengeschmack
500 ml Schlagsahne
1 Päckchen Sahnesteif
1 Päckchen Vanillezucker
200 g Sahnefrischkäse
1 ausgepresste Zitrone
6 EL Zucker
5–6 Kiwis

Zubereitung:

1. Den Springformboden mit Backpapier auslegen.

2. Die Butterkekse in drei bis vier Portionen teilen, jede Portion in der Küchenmaschine zerbröseln oder in einen Gefrierbeutel füllen und mit dem Nudelholz oder einer Glasflasche zerkleinern.

3. Die Butter in einem Topf vorsichtig zerlaufen lassen. Die Keksbrösel zur Butter geben und gut vermengen. Die Keksmasse in die Springform füllen und mit einem Esslöffel gleichmäßig fest auf den Boden drücken. In den Kühlschrank stellen.

4. Die Götterspeise mit 3 EL Zucker in einem Topf verrühren und mit 100 ml kaltem Wasser anrühren. 10 Minuten quellen lassen.

5. Währenddessen die Sahne anschlagen, das Sahnesteif mit dem Vanillezucker mischen, hinzufügen und die Sahne steif schlagen.

6. Die Götterspeise auf dem Herd vorsichtig erwärmen, bis sie sich auflöst – ABER NICHT KOCHEN! Dann etwas abkühlen lassen.

7. Den Käse mit 3 EL Zucker und dem Zitronensaft gut verrühren. Esslöffelweise langsam unter die Götterspeise rühren.

8. Die Zitronen-Käsemasse mit dem Teigschaber unter die Sahne heben. Die Masse in die Springform auf den Keksboden gießen, glatt streichen und im Kühlschrank fest werden lassen.

9. Erst kurz vor dem Verzehr (sonst wird die Sahne bitter) die Kiwis schälen, in Scheiben schneiden und dekorativ auf die Torte legen.

Ich mag aber keine Kiwi ...
dann nehme ich halt Bananen.

Zubereitung: 60 Minuten | Kühlzeit: 2 Stunden

Tipp:

Die Torte schmeckt auch gut mit Götterspeise Kirschgeschmack und roten
Johannisbeeren oder Erdbeeren als Dekoration.

PUNSCHTORTE

Zutaten

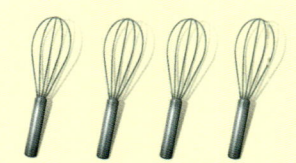

… für eine Springform
(26 cm Ø):
Backpapier

… für den Boden:
6 Eier
120 g Zucker
1 Prise Salz
2 EL heißes Wasser
200 g Mehl
50 g Stärkemehl
2 TL Backpulver
etwas Stärkemehl

… für die Füllung:
350 g Aprikosenmarmelade
60 ml Rum
2 ausgepresste Orangen
1 ausgepresste Zitrone
25 g Zucker

… für den Guss:
250 g Puderzucker
2–3 EL Zitronensaft
½ TL Kakaopulver

Zubereitung:

1. Eine Springform am Boden mit Backpapier auslegen.

2. Den Ofen auf 180° C vorheizen.

3. Die Eier trennen, das Eiweiß mit der Prise Salz mit den Schneebesen des Handrührgerätes oder der Küchenmaschine steif schlagen, 60 g Zucker dazugeben und cremig schlagen.

4. Die Eigelbe mit 2 EL heißem Wasser und dem restlichen Zucker (60 g) schaumig rühren.

5. Das Mehl mit der Stärke und dem Backpulver mischen und über den Eischnee sieben. Die

Eigelbmasse ebenfalls dazugeben und alles mit dem Teigschaber vorsichtig unter den Eischnee ziehen. Die Masse in die Springform füllen und im vorgeheizten Ofen ca. 35 Minuten backen. Herausnehmen, kurz auskühlen lassen und den Springformrand mit einem Messer lösen. Die Kuchenoberfläche mit etwas Stärkemehl bestäuben und den Tortenboden auf ein Kuchengitter oder ein Backpapier stürzen. Mindestens sechs Stunden ruhen lassen.

6. Den Boden zweimal waagrecht durchschneiden. Den unteren Boden mit 20 ml Rum tränken und mit 100 g Marmelade bestreichen.

7. Den Orangensaft mit dem Zitronensaft, 50 g Marmelade und 25 g Zucker aufkochen. Etwas abkühlen lassen und noch 20 ml Rum dazugeben. Den obersten Boden (Deckel) verkehrt herum auf den unteren Boden legen, mit der Saftmischung gleichmäßig begießen.

8. Den mittleren Boden auflegen und mit einem flachen Brettchen beschweren. Ca. eine Stunde ruhen lassen.

9. Den oberen Boden mit 20 ml Rum tränken. Die restliche Marmelade (200 g) durch ein Sieb streichen, in einem kleinen Topf aufkochen und noch heiß auf dem Boden verteilen. Trocknen lassen.

10. Für den Guss den Puderzucker mit dem Zitronensaft glatt rühren, 1 EL von der Glasur abnehmen und zur Seite stellen. Die restliche Glasur auf die Torte gießen und mit einem langen Messer verteilen, den Rand ebenfalls bestreichen.

11. Den beiseite gestellten Guss mit dem Kakaopulver einfärben, in einen kleinen Gefrierbeutel geben. Eine Ecke ganz knapp abschneiden und mit der Glasur eine Spirale auf den Kuchen zeichnen. Mit dem Messerrücken vorsichtig verziehen und trocknen lassen.

 Zubereitung: 20 Minuten | Backen: 35 Minuten
Ruhezeit: 7 Stunden | Fertigstellen: 30 Minuten

Tipp:

Dieser Kuchen sollte einen Tag Ruhezeit haben, damit er richtig durchziehen kann. Für Ihren allerliebsten Schatz machen Sie einzelne Tropfen mit der dunklen Glasur und ziehen mit dem Messerrücken dann Herzen.

SEKTTORTE

Zutaten

... für eine Springform
(26 cm Ø):
Backpapier

... für den Boden:
3 Eier
1 Prise Salz
100 g Zucker
1 Päckchen Vanillezucker
1 EL heißes Wasser
100 g Mehl
½ TL Backpulver
50 g geschälte, gemahlene Mandeln

... für die Füllung:
6 Blatt Gelatine
250 g Magerquark
125 g Zucker
1 EL Zitronensaft
250 ml Schlagsahne
250 ml Sekt
ca. 3 EL Puderzucker

Zubereitung:

1. Bei einer Springform den Boden mit Backpapier auslegen.

2. Den Ofen auf 180° C vorheizen.

3. Die Eier trennen. Das Eiweiß mit der Prise Salz mit den Schneebesen des Handrührgerätes oder der Küchenmaschine steif schlagen, 50 g Zucker dazugeben und cremig schlagen.

4. Die Eigelbe mit 50 g Zucker, dem Vanillezucker und 1 EL heißem Wasser schaumig rühren.

5. Das Mehl mit dem Backpulver mischen und über den Eischnee sieben. Die Mandeln und die Eigelbmasse ebenfalls dazugeben und mit dem Teigschaber vorsichtig unter den Eischnee heben.

6. Die Masse in die Springform füllen, glatt streichen und im vorgeheizten Ofen ca. 35 Minuten backen. Noch 10 Minuten im abgeschalteten Ofen stehen lassen, mit einem Messer den Rand der Form lösen, den Boden herausnehmen und auskühlen lassen.

7. Nach mindestens sechs Stunden Ruhezeit einmal waagrecht in der Mitte durchschneiden. Den Deckel abklappen. Den unteren Tortenboden wieder in die gereinigte Form legen.

8. Die Gelatine in einer Schüssel mit kaltem Wasser 10 Minuten einweichen.

9. Den Quark mit dem Zucker und dem Zitronensaft verrühren.

10. Die Hälfte des Sektes in einem Topf ganz kurz aufkochen, vom Herd nehmen und die ausgedrückte Gelatine dazugeben. Umrühren, bis sich die Gelatine ganz aufgelöst hat. Etwas abkühlen lassen. Dann langsam unter ständigem Rühren den Rest des Sektes dazugießen.

11. Die Quarkmasse hinzufügen und das Ganze vollständig abkühlen lassen.

12. Die Schlagsahne steif schlagen und vorsichtig mit dem Teigschaber unter die Masse ziehen.

13. Die Sektsahne auf den unteren Biskuitboden streichen und den oberen Boden vorsichtig auflegen. Im Kühlschrank fest werden lassen (ca. drei Stunden).

14. Den Deckel vor dem Servieren mit dem Puderzucker bestäuben und mit etwas Sekt bespritzen.

Tipp:

Im gut sortierten Haushaltszubehör finden Sie auch Schablonen für das Bestäuben mit Puderzucker für jede festliche Gelegenheit.

Zubereitung: 20 Minuten | Backen: 35 Minuten | Ruhezeit: 6 Stunden
Fertigstellen: 20 Minuten | Kühlen: 3 Stunden

Und den restlichen Sekt, wenn Susi kommt!

RUMKUGELN

Zutaten

... für ca. 20 Stück:
150 g Halbbitterkuvertüre
50 ml Schlagsahne
40 ml Rum = 2 EL
evtl. 2 Tropfen Rumaroma
50 g gemahlene Walnüsse
100 g Kokosraspel

evtl. Papierpralinenkapseln zum Verpacken

Zubereitung:

1. Die Kuvertüre mit dem Messer klein hacken/schneiden.

2. Die Sahne in einem Topf aufkochen lassen, vom Herd nehmen und die Schokolade hineinschütten. Zwei Minuten warten, dann ganz langsam von der Mitte her die Masse mit einem Löffel rühren. Langsam heißt, nicht zu viel Luft einarbeiten und ca. 10 Minuten rühren. Wenn sich die Schokolade aufgelöst hat, die Nüsse, den Rum und evtl. das Aroma untermengen.

3. Die Masse zugedeckt im Kühlschrank, am besten über Nacht, fest werden lassen.

4. Kokosraspel in eine Schüssel geben. Die Schokomasse kurz durchrühren. Mit einem Teelöffel von der Schokomasse kleine Portionen abstechen und mit möglichst kalten Händen zu Kugeln formen. Diese in den Kokosraspeln wälzen. Evtl. in Pralinenkapseln setzen, ansonsten in einem flachen Behälter kühl (aber nicht im Kühlschrank) aufbewahren. Die Rumkugeln schmecken nach einem Tag Ruhe am besten, halten sich aber gut zwei Wochen.

Tipp:

Sie mögen einfach keine dunkle Schokolade – probieren Sie das Rezept mit Vollmilchkuvertüre, dann aber nur 1 EL Rum verwenden und zwei Tropfen mehr Aroma. Sie können die Kugeln auch in gemahlenen Mandeln oder Schokostreuseln wälzen.

PIKANTE HERRENTORTE

Zutaten

... für 10 bis 12 Stücke:
1 rundes Bauernbrot
(ca. 25 cm Ø)

... für die Füllung:
2 TL grüne Pfefferkörner
100 g Butter
1 TL scharfer Senf
1 EL Weinbrand
1 Prise Salz

1 Zwiebel
500 g Quark
200 g Doppelrahmfrischkäse
1 TL Knoblauchpulver oder 1 Zehe frisch
durchgepresster Knoblauch
1 Prise Cayennepfeffer oder gemahlene Chilis
1 Prise Salz

375 g Lachsschinken
1 rote Zwiebel
1 Bund Radieschen
1 Bund Schnittlauch
1 Bund Petersilie
1 Tomate

Zubereitung:

1. Von dem Bauernbrot den Deckel abschneiden. Dann das Brot waagrecht einmal halbieren. Sollte die Kruste sehr fest sein, die untere Kruste abschneiden, das erleichtert später das Zerteilen der „Torte".

2. Die Pfefferkörner mit der flachen Seite eines breiten Messers zerdrücken und mit der Butter, dem Senf, Weinbrand und Salz verkneten. Die Buttermischung auf die untere Brotplatte streichen und mit der Hälfte des Schinkens belegen.

3. Die Zwiebel schälen und in feine Würfel schneiden. Den Quark mit dem Frischkäse, Knoblauch, Cayennepfeffer, Salz und der Zwiebel verrühren und pikant abschmecken.

4. Die zweite Brotplatte auf den Schinken legen und mit ⅔ der Quarkmischung bestreichen, mit dem restlichen Quark den Rand der Torte bestreichen.

5. Die Oberfläche in 10 oder 12 Stücke teilen und mit Schinkenröllchen, Zwiebelscheiben, Gurken, klein geschnittener Petersilie und Schnittlauchröllchen garnieren. Mit Radieschen- und Tomatenscheiben belegen.

Thorsten wird Augen machen –

und seine Frau erst!

Zubereitung: 40 Minuten

ZU GUTER LETZT:

Was tun, wenn ...

... der Rührteig mal speckig ist oder der Kuchen zusammenfällt:
Vermutlich hatten die Zutaten nicht die gleiche Temperatur und die Masse war grieselig oder die Backtemperatur am Anfang zu niedrig. Auf keinen Fall während der ersten beiden Drittel der Backzeit die Backofentür öffnen.

... der Teig beim Backen oben zu schnell braun wird:
Nehmen Sie ein Stück Alufolie, etwas größer als der Kuchendurchmesser, und legen Sie es leicht auf den Kuchen. Die Alufolie schirmt die Hitze von der Oberfläche ab.

... der Kuchenboden zu hell ist:
Verwenden Sie nach Möglichkeit dunkle Kuchenformen, die geben die Hitze besser an den Teig ab. Bei getrennt schaltbaren Heizungen backen Sie die letzten 10 Minuten mit Unterhitze. Oder stellen Sie den Kuchen einen Einschub weiter nach unten.

... das Eiertrennen nicht so recht klappen will:
Es gibt von verschiedenen Firmen Eier-Trenner. Das Gleiche können Sie auch in „Handarbeit" erledigen, wenn Sie sich nicht davor scheuen. Schlagen Sie das Ei auf und geben Sie es in eine Tasse, dabei darf das Eigelb nicht verletzt worden sein. Dann halten Sie die Hand über eine Schüssel, gießen das Ei in die Handfläche, lassen das Eiweiß durch die leicht geöffneten Finger ablaufen und geben das Eigelb zurück in die Tasse.

... sich beim Backen herausstellt, dass die Form zu klein oder der Teig zu viel ist:
Dann müssen Sie schnell sein. Falten Sie ein Stück Alufolie mehrmals um und formen Sie einen stabilen Kreis oder ein Rechteck. Den Kuchen kurz vorziehen und die Form mithilfe der Alufolie erhöhen – dann fertig backen. Ganz nützlich kann dabei auch ein Tortenring aus Edelstahl sein.

Index

Impressum
© 2005 SAMMÜLLER KREATIV GmbH
Genehmigte Lizenzausgabe
EDITION XXL GmbH
Fränkisch-Crumbach 2005
www.edition-xxl.de

Idee, Projektleitung und Fotos: Sonja Sammüller
Text: Diana Eineder, Sonja Sammüller
Illustration: Bastian Gierth
Layout: Sonja Sammüller
Satz: Henrik Stürzebecher, Nadine Meisinger

ISBN 3-89736-099-3